"十四五"职业教育国家规划教材

U0688946

跨境
电子商务物流

·第3版·慕课版·

陆端／主编　刘野　李伟　李娜／副主编　李玉清／主审

CROSS-BORDER
Electronic Commerce

人民邮电出版社

北　京

图书在版编目（CIP）数据

跨境电子商务物流 ：慕课版 / 陆端主编. -- 3 版.
北京 ：人民邮电出版社，2025. --（跨境电子商务创新
型人才培养系列教材）. -- ISBN 978-7-115-66709-0

Ⅰ. F713.365.1

中国国家版本馆 CIP 数据核字第 2025KQ4007 号

内 容 提 要

　　本书以培养读者的跨境电子商务物流技能为目标，从不同角度介绍了跨境电子商务物流的概念及相关政策，解析了跨境电子商务物流的相关模式，并着重阐述了如何通过物流活动助力跨境电子商务的发展。

　　本书坚持以应用为目的，以必需、够用为度，以"产教融合"为指导思想，并将学生的职业能力培养和价值塑造贯穿始终。全书共 7 章，每章都设有本章导入、学习导航、知识与技能、测试与思考4 个板块，并配备慕课资源，充分适应线上线下融媒体教学。

　　本书可作为高等职业院校和应用型本科院校跨境电子商务、电子商务、物流管理等专业课程的教学用书，也可供有关技术人员、操作人员学习和培训使用。

◆ 主　　编　陆　端
　　副主编　刘　野　李　伟　李　娜
　　责任编辑　崔　伟
　　责任印制　王　郁　彭志环

◆ 人民邮电出版社出版发行　　　北京市丰台区成寿寺路 11 号
　　邮编　100164　电子邮件　315@ptpress.com.cn
　　网址　https://www.ptpress.com.cn
　　三河市兴达印务有限公司印刷

◆ 开本：787×1092　1/16
　　印张：11.75　　　　　　　　　2025 年 5 月第 3 版
　　字数：258 千字　　　　　　　2025 年 8 月河北第 2 次印刷

定价：49.80 元

读者服务热线：(010)81055256　印装质量热线：(010)81055316
反盗版热线：(010)81055315

第 3 版前言

　　党的二十大报告提出："依托我国超大规模市场优势，以国内大循环吸引全球资源要素，增强国内国际两个市场两种资源联动效应，提升贸易投资合作质量和水平。"2023 年 12 月召开的中央经济工作会议强调：要加快培育外贸新动能，巩固外贸外资基本盘，拓展中间品贸易、服务贸易、数字贸易、跨境电商出口。跨境电商已成为新质生产力赋能对外贸易、推动区域经济高质量发展的新增长点。"跨境电子商务物流"课程是电子商务专业和跨境电子商务专业的一门必修课程。该课程旨在帮助学生了解与掌握从跨境电子商务物流实践中总结出来的基本理论和基本技能，学会运用相关理论和方法分析并解决实际问题，深入了解跨境电子商务物流如何助力跨境电子商务的发展，为从事跨境电子商务物流工作打下坚实的基础。

　　本书第 1 版被评选为"十三五"职业教育国家规划教材，第 2 版被评选为"十四五"职业教育国家规划教材。为适应职业教育人才培养的新要求和产业发展的新趋势，编者对教材内容进行了修订。此次修订的重点如下。

　　（1）对相关数据、知识内容和案例进行更新；删减一些陈旧过时的内容，并增补 1.4 节"跨境电子商务供应链概述"。

　　（2）删减原版本"跨境电子商务发货"章节，将相关内容并入第 4 章"跨境电子商务物流模式的选择"，使结构更为合理，逻辑更为清晰。

本书内容

　　本书充分吸取了高职高专和应用型本科院校在探索培养应用型人才方面取得的成功经验和教学成果，从理想使命、职业素养等方面构建价值塑造目标，捕捉跨境电子商务行业动态，将思想价值引领贯穿全书。全书共 7 章，分别为跨境电子商务物流基础、跨境电子商务采购、跨境电子商务仓储、跨境电子商务物流模式的选择、海外仓、跨境电子商务进口物流和跨境电子商务通关。为方便学生学习，编者在知识讲解中运用图表、案例、例题、注释等形式，并设置了知识拓展、案例拓展、问题思考等模块，供学生自学、拓宽视野及检测学习效果。

本书配套数字化资源

本书的配套课程入选职业教育国家在线精品课程，依托浙江省高等学校在线开放课程共享平台，充分利用编者在课程持续建设中积累的数字化教学资源，积极推动教师混合式教学和学生自主学习模式的普及。本书配套教学资源（含课件、教案、教学大纲、慕课视频、授课计划、实训教学素材、习题答案等）可通过人邮教育社区（www.ryjiaoyu.com）下载获取。

课时安排及建议

本书的参考课时为 64～86 课时，建议采用理论实践一体化的教学模式。各章的参考课时见下面的课时分配表。

课时分配表

章序	教学内容	课时
第 1 章	跨境电子商务物流基础	8～10
第 2 章	跨境电子商务采购	8～10
第 3 章	跨境电子商务仓储	8～10
第 4 章	跨境电子商务物流模式的选择	10～12
第 5 章	海外仓	8～12
第 6 章	跨境电子商务进口物流	8～12
第 7 章	跨境电子商务通关	10～16
期末课程考评		4
课时总计		64～86

建议使用本书的教师在教学中注重文献阅读、课堂讲解、案例分析与讨论的有机结合，注重学生在跨境电子商务物流企业的参观调研与实习。

编写分工及致谢

本书由陆端担任主编，由刘野、李伟、李娜担任副主编，由李玉清担任主审。具体编写分工为：陆端编写第 1 章、第 6 章、第 7 章，刘野编写第 2 章、第 3 章，李伟编写第 4 章、第 5 章，李娜编写第 6 章的案例部分，杨缘缘编写全书的测试与思考部分。此外，在编写过程中，编者得到了嵇美华、王群飞、何勇、董章清和浙江乌龙供应链管理有限公司的大力支持与帮助，在此一并致谢。

由于编者水平有限，书中难免有欠妥之处，恳请读者批评指正。

编　者

2025 年 2 月

目录

第 1 章

跨境电子商务物流基础

本章导入

千亿规模的跨境电子商务物流行业

　　跨境电子商务是外贸发展的新模式，是拓宽境外营销渠道和实现外贸转型升级的有效途径。跨境电子商务物流是决定跨境电子商务行业发展的关键因素。随着跨境电子商务大平台的不断壮大，以及专注细分市场的跨境电子商务中小平台的不断成熟，跨境电子商务物流也逐步分化，出现了大平台的自建物流和中小平台的第三方综合服务物流。

　　思考：1. 跨境电子商务物流是什么？
　　　　　2. 跨境电子商务物流与传统物流的区别在哪里？

学习导航

小节内容	职业能力目标	知识要求	素养目标
1.1 物流与跨境电子商务	能准确判断物流活动与跨境电子商务的运营方式	1. 掌握物流的定义 2. 了解物流活动的过程 3. 掌握跨境电子商务的特点与运营模式 4. 了解跨境电子商务的发展趋势	1. 建立正确的文化意识，树立平等的文化价值观，不断增强文化自信 2. 养成独立思考、自主学习的习惯，增强勇于表达自己见解的能力 3. 适应环境的变化，为人处世具有灵活性，增强自我调控的能力
1.2 跨境电子商务物流概述	能准确判断跨境电子商务物流的活动和熟悉跨境电子商务物流的作业流程	1. 掌握跨境电子商务物流的概念 2. 熟悉跨境电子商务物流的作业流程	
1.3 跨境电子商务物流的模式	能正确解读跨境电子商务物流的模式	1. 熟悉"单一"跨境电子商务物流模式 2. 熟悉"两段中转"跨境电子商务物流模式 3. 熟悉"两段收件"跨境电子商务物流模式	
1.4 跨境电子商务供应链概述	能够根据跨境电子商务的特点进行供应链管理	1. 掌握供应链管理的概念 2. 掌握跨境电子商务供应链的概念 3. 了解跨境电子商务供应链的特点与管理内容	

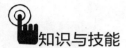知识与技能

1.1 物流与跨境电子商务

物流作为电子商务运作的"双腿"，其"行走"方式直接决定了电子商务效率的高低。跨境电子商务物流是伴随跨境电子商务的发展而产生的，是跨境电子商务发展的有力支撑。本节从物流的定义、物流活动的过程、跨境电子商务的特点与运营模式及跨境电子商务的发展趋势等方面来介绍物流。

1.1.1 物流的定义

中华人民共和国国家标准《物流术语》（GB/T 18354—2021）将物流定义为：根据实际需要，将运输、储存、装卸、搬运、包装、流通加工、配送、信息处理等基本功能实施有机结合，使物品从供应地向接收地进行实体流动的过程。

物流的基本功能如图 1-1 所示。

图 1-1　物流的基本功能

要理解物流的定义，我们应当注意以下 3 点。

（1）物流是一种满足社会需求的活动，是一种经济活动。不属于经济活动的物品实体流动过程不属于物流的范畴。

（2）物流包括运输、储存、装卸、搬运、包装、流通加工、配送、信息处理等基本功能。

（3）物流可以创造物品的空间效用、时间效用和形状性质的效用。

 **知识拓展**

物流的其他定义

（1）日本的日通综合研究所出版的《物流手册》对物流的定义：物流是货物从供应者到需求者的物理性移动，是创造时间价值和场所价值的经济活动，包括包装、搬运、储存、运输、配送等活动。

（2）美国物流管理协会对物流的定义：物流是为满足消费者需求而使原材料、中间库存、最终产品及相关资讯从起始地到消费地进行有效流动与存储的计划、实施与控制的过程。

（3）欧洲物流协会对物流的定义：物流是在一个系统内对人员和商品的运输、安排及与此相关的支持活动进行计划、执行和控制，以达到特定目的的活动。

（4）我国著名的物流学专家王之泰教授认为：物流是物质资料从供给者到需求者的物理性运动，主要创造时间价值和场所价值，有时也会创造一定的加工价值。

通过对以上定义的分析和比较，我们可以发现物流从字面上看包含了两个要素：一是"物"，"物"是指一切可以进行物理性位移活动的物质，通常指各种物品；二是"流"，"流"是指物理性位移活动。"物流"就是物品的实体移动。物流的目的是满足人们对物品的需求。物流商在物流活动过程中有必要对物品进行储存，解决因时间和空间因素导致的供应不足问题。

🌸 1.1.2 物流活动的过程

根据物流的定义，物流活动由运输、储存、装卸、搬运、包装、流通加工、配送、物流信息处理等内容构成，这些内容也常被称为"物流的基本功能要素"，下面分别进行介绍。

1. 运输

运输是指利用载运工具、设施设备及人力等运力资源，使货物在较大空间中产生位置移动的活动。

运输是物流的主要功能要素之一，是第三利润源的主要源泉。运输不改变物品的实体形态，不增加物品产量，但会消耗大量的人力、物力、财力等。相关分析显示，运输费用在全部物流费用中的占比较高，接近50%，有些物品的运输费用甚至高于其生产费用。因此，合理组织运输能有效地降低物流费用。

 知识拓展

第三利润源

日本是最早关注物流价值的国家，早在1970年，早稻田大学的西泽修教授就提出了"物流是第三利润源"的观点。

一、第一利润源：物质资源

第一利润源是指物质资源，即劳动对象。起初，谁控制了原材料，谁就可以源源不断地生产出大量物品，从而获取高额利润。之后，人们依靠科技来持续挖掘第一利润源。

二、第二利润源：人力资源

资源是有限的，当人们不能从物质资源领域获取更多利润的时候，便慢慢开始关注人力资源，即劳动者。这就是我们所说的第二利润源。人们使用廉价劳动力和科技来提高生产效率，降低企业经营成本，从而获取较高利润。

三、第三利润源：物流

人们通过整合物流也能有效地降低成本，成本的降低有利于利润的增加。按照时间顺序，我们将物流称为第三利润源。

但第三利润源与第一、第二利润源有着本质的区别：第一、第二利润源主要针对生产企业，我们可以说生产创造利润，却不能说"物流创造利润"。

在实际工作中，很多人错误地理解了第三利润源，认为物流可以创造利润，于是，物流需求方不断要求物流供给方降低价格，从而获取利润。这就导致了物流价格连年下降，与此同时，大型物流企业被迫退出，最终物流发展停滞不前。真正的第三利润源是这样的：企业双方密切合作，共享信息，从而降低整体库存成本、运输成本等，使企业双方均获利。这样，物流的规模才会不断扩大，物流才会蓬勃发展。

2．储存

储存是指贮藏、保护、管理物品。储存是物流中的重要环节，既有缓冲与调节的作用，又有创造价值与增加效用的功能。在社会生产与生活中，由于生产与消费节奏不统一，总会存在暂时不用或留待以后使用的物品。因此，在生产与消费或供给与需求的时间差异中，物流企业需要妥善地保持物品的有用性。随着社会经济的发展，需求逐渐呈现出个性化、多样化的特点，生产方式也在向多品种、小批量的柔性生产方式转变，仓库的功能从单纯的重视保管效率的提高转变为重视流通功能的实现。

📖案例拓展

阿里巴巴智能仓库

阿里巴巴平均每天要配送约 2 700 万件包裹。面对如此庞大的工作量，仅靠人工处理不仅效率低，而且运营成本过高。2017 年，阿里巴巴启动了"菜鸟网络"工程，致力于提高物流效率。

菜鸟联盟首个全自动化仓库在广州开始运转，标志着中国物流的仓储操作进入了全新轨道。该仓库的占地面积超过 10 万平方米。通过一整套的自动化系统，该仓库每天可高效处理百万数量级的商品，从而保障华南地区的消费者享受网购当日达和次日达服务。

订单管理系统（Order Management System，OMS）的工作流程如下。消费者在电子商务平台下单后，仓库即时获得订单信息，并形成一个条码。该条码被贴在快递箱上后，快递箱开始进入自动化轨道。轨道沿线设有扫描装置，该装置通过扫描快递箱上的条码，识别出需要拣选的货品位置，并引导快递箱的运行轨迹。快递箱到达指定货架时，会从动力传送带上弹出，拣货人员扫描条码后，其身后货架的电子屏就会亮灯，并显示需拣选的货品数量。装上货品后，快递箱会回到传送带上。这样快递箱一路运行下来，到达出口时，订单所需的货品就都在里面了。

机器人组成聪明矩阵：每台机器人能顶起的重量可达 500 千克，同时还能灵活旋转，可将货架四面的货品调配到拣货人员的面前，方便拣货人员拣取。货架的四面都能储存货品，仓库储存量提高了一倍多。

自动化装置就像给快递箱装上了"眼睛"和"双脚"，能指引它们自己去拣选货品。这样一来，菜鸟联盟仅需在条码复核、分拣机监护等环节投入人力，货品的运输、储存、装卸、搬运等环节可一体化集成，效率至少可提高 30%，拣货准确率几乎可达 100%。

凭借仓库内的高效运作，菜鸟联盟向消费者提供更加优质、稳定的物流服务。

【思考】请搜集资料，说一说你所知道的智能仓库。

3. 装卸与搬运

装卸是在运输工具间或运输工具与存放场地（仓库）间，以人力或机械方式对物品进行载上载入或卸下卸出的作业过程。搬运是在同一场所内，以人力或机械方式对物品进行空间移动的作业过程。

装卸和搬运是物流中反复进行的活动。在整个物流活动过程中，装卸和搬运活动出现的频率高于其他各项物流活动，成为决定物流速度的关键。装卸和搬运活动消耗的时间越长，人力、物力成本就越高，装卸和搬运费用在全部物流费用中所占比例也就越高。例如，我国铁路运输的始发及到达的装卸和搬运费用大致占总运费的 20%。此外，在装卸和搬运过程中，也可能造成物品破损、散失、损耗等。

📖 **案例拓展**

"蚂蚁雄兵"式的电子商务仓储分拣系统

高速发展的电子商务已经进入了 4.0 时代，订单量大、订单时效短且波动性大、订单总体存量要求高等特点导致物流处理难度越来越大。订单拣选效率低、错误率高已成为制约平台型电子商务企业发展的物流瓶颈，将直接影响客户对企业服务的满意度。如何实现订单的快速响应和高效、精准拣选，是电子商务仓储物流发展所面临的关键问题。

蚂蚁虽小，但能够搬运超过其重量数倍的食物。这就是"蚂蚁雄兵"思路的由来。沿着这个思路，一套集仓储和分拣功能于一体的敏捷物流系统——"蜂巢"式电子商务物流系统随之诞生。在"蜂巢"式电子商务物流系统中，多种设备并行工作，可实现货物的分布离散式输送。

在传统的"人到货"的分拣系统中，由分拣人员带着拣选容器按照拣货清单或在拣货系统的指引下，到达待拣货物所在的货架处进行货物拣选。此时货物处于静止状态。"人到货"分拣方式的拣选效率受分拣人员是否熟悉货位分布、选取的拣选路线是否合理、拣选数量是否正确等因素的影响。这种作业方式具有占地面积大、拣选效率低、人员数量多、拣选错误率高等缺点，无法满足电子商务高效、精准的拣选要求。而"蜂巢"式电子商务物流系统将平面式"货到人"系统在竖向空间上进行了叠加，形成了一个多层的 3D 式"货到人"系统，各层子系统、多类智能运动单元并行作业。该系统集成先进的软、硬件技术，使用超高速穿梭车进行分拣作业，分拣人员只需要根据拣选台电子标签提示的数量，从周转箱中拣选相应数量的货物放入包装盒即可，无须考虑货位、拣选路线等因素，该系统打破了原有人工对照拣货清单拣选货物的模式。这种方式能有效提高作业效率，降低拣选错误率，还可减少 60% 的人力成本。

【思考】从上述资料中，你得到了什么启示？

4. 包装

包装指为在流通过程中为保护产品、方便储运、促进销售，按一定技术方法而采用的容器、材料及辅助物等的总称。包装也指为达到上述目的而在采用容器、材料和辅助物的过程中施加一定技术方法等的操作活动。

包装处于生产过程的终端和物流过程的开端，既是生产的终点，又是物流的起点。包装与运输、储存、装卸和搬运关系密切，具有保护性、单位集中性和便利性三大特征，同时在营销中具有保护商品、促进销售和增加利润的作用。

5. 流通加工

流通加工指根据客户的需要，在流通过程中对产品实施的简单加工作业活动的总称。

流通加工对流通过程起到补充、完善、提高、增强的作用，是提高物流水平、促进流通向现代化发展的不可缺少的环节。

6. 配送

配送指根据客户的要求，对物品进行分类、拣选、集货、包装、组配等作业，并按时送达指定地点的物流活动。

配送是物流系统的意义和价值的体现，只有在客户希望的时间内，以客户希望的方式，将客户需要的物品送到客户指定的地点，客户才会满意。配送活动大多以配送中心为起点，而配送中心本身大多具备储存物品的功能。

 知识拓展

配送中心模式

过去，零售业采取的进货流程为：由供应商将货物送至商家，或由商家自行到供应商处提货。这种传统的点对点进货模式，不利于供货效率的提高。传统的点对点进货模式如图 1-2 所示。

建立了配送中心之后，商品的流通过程发生了较大的变化，供货效率成倍提高。配送中心模式如图 1-3 所示。

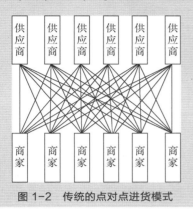

图 1-2 传统的点对点进货模式

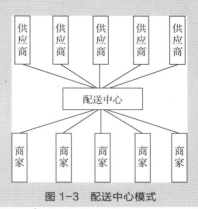

图 1-3 配送中心模式

7．物流信息处理

物流信息是反映物流各种活动内容的知识、资料、图像、数据的总称。物流信息处理一般随从生产到消费的物流活动的产生而产生，与物流活动过程中的运输、储存、装卸、包装等各种功能要素有机结合在一起，是整个物流活动顺利进行不可缺少的环节。物流信息化系统贯穿供应链，如图 1-4 所示。

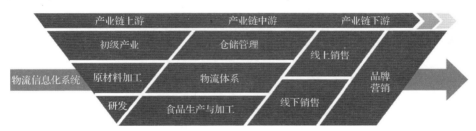

图 1-4 物流信息化系统贯穿供应链

物流活动会产生大量的信息。现代物流与传统物流最主要的区别体现在现代物流活动会产生大量的物流信息。物流信息分为系统内信息与系统外信息。系统内信息对各种物流活动起着相互联系、相互协调的纽带作用，如车辆选择、线路选择、库存决策、订单管理等。而系统外信息有市场信息、商品交易信息等。要想提高物流服务水平，必须有准确的物流信息做保证。现代物流以网络和计算机技术为手段，为实现物流的系统化、合理化、高效率提供了技术保证。

 知识拓展

牛鞭效应

牛鞭效应是经济学上的一个术语，也称需求放大效应，指的是信息流从最终客户端向原始供应商端传递时，无法有效地实现信息共享，使得信息扭曲而逐级放大，导致需求信息出现较大的波动。信息扭曲的放大作用在图形上很像一个甩起的牛鞭，如图 1-5 所示，因此被形象地称为牛鞭效应。

图 1-5　牛鞭效应示意图

牛鞭效应最初由宝洁公司提出。20 世纪 90 年代初，宝洁公司在对纸尿裤进行考察时发现，其商品的零售商的库存是相对稳定的，波动并不大，但分销商、批发商往往会对历史销量及最新市场动态进行分析预测，通常会把预测的订货量进行人为放大。这样一级一级地放大，导致到达生产商时，商品需求的预测情况失真。

造成牛鞭效应的主要原因在于供应链中企业间的信息不对称和不完全，或者从较深层次来看，就是供应链中企业的管理方式不符合供应链管理价值最大化的原则。牛鞭效应的存在会造成制造商的产量和分销商、零售商的订货量远远高于实际的客户需求量，进而造成各节点企业的库存水平提高、服务水平下降、供应链效率降低、总成本过高及定制化程度低等问题。因此，缓解供应链中的牛鞭效应是实现供应链管理目标的关键，也是增强供应链中企业的竞争力的有效方式。

▌问题思考▐

以下活动是否属于物流活动?

- 顺丰快递寄送包裹、信函。
- 蚂蚁搬家公司帮忙搬家。
- 在饿了么订购外卖。
- 自来水公司通过管道给每家每户送水。
- 河水、空气的自然流动。
- 物资仓库储存物资。
- 2024 年 11 月，上海召开第七届中国国际进口博览会。
- 淘宝开展"双十一"和"双十二"网购促销活动。

❋ 1.1.3　跨境电子商务的特点与运营模式

跨境电子商务指分属不同关境的交易主体（个人或企业）通过跨境电子商务平台开展交易、进行支付结算，并通过跨境物流送达商品、完成交易的一种国际商业活动。

1. 跨境电子商务的特点

跨境电子商务的特点如下。

（1）成本低：传统跨境贸易进出口环节多、时间长、成本高，而跨境电子商务直面最终消费者，大大降低了企业的销售成本和消费者的购买成本。

（2）速度快：只要境外采购商在跨境电子商务平台上下订单，强大的物流体系就可以使商品快速到达消费者手中。

（3）易上手：传统的跨境贸易主要由一国（地区）的进/出口商通过另一国（地区）的出/进口商集中进/出口大批量货物，然后由境内流通企业进行多级分销，商品才能到达消费者手中；而在跨境电子商务中，商家与消费者只需通过跨境电子商务平台就可以达成交易。

2. 我国跨境电子商务的运营模式

（1）我国跨境出口电子商务的运营模式可分为以下4种。

① 跨境大宗贸易平台的运营模式。该类平台为会员商户提供网络营销平台，帮助其发布商品供应信息，协助其完成交易，并向其收取会员费和营销推广费，如阿里巴巴国际站、环球资源等。跨境大宗贸易平台的运营模式如图1-6所示。

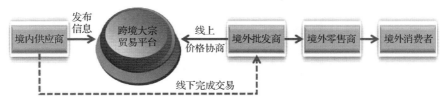

图 1-6 跨境大宗贸易平台的运营模式

② 跨境小额批发零售综合门户平台的运营模式。该类平台一般为独立的第三方销售平台，不参与物流、支付等交易环节，但会向入驻商户收取交易佣金、会员费和广告费，如全球速卖通、亚马逊等。跨境小额批发零售综合门户平台的运营模式如图1-7所示。

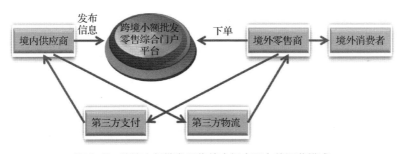

图 1-7 跨境小额批发零售综合门户平台的运营模式

③ 跨境小额批发零售垂直平台的运营模式。该类平台是专注于某一特定行业或细分领域，为国内外买家和卖家提供商品展示、交易撮合、支付结算、物流配送等一站式服务的电子商务平台。如希音（SHEIN）等。跨境小额批发零售垂直平台的运营模式如图1-8所示。

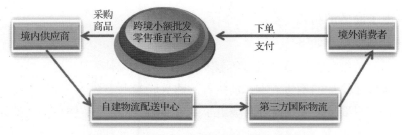

图 1-8　跨境小额批发零售垂直平台的运营模式

④ 专业第三方服务平台的运营模式。该类平台不参与任何跨境电子商务的买卖过程，而是为跨境电子商务企业提供物流、支付、客服等解决方案，并向其收取服务费，如递四方、四海商舟、威时沛运等。

▎问题思考▐

请查找资料，判断以下平台属于哪种跨境出口电子商务运营模式。

（2）我国跨境进口电子商务的运营模式可分为以下 4 种。

① 直发/直运模式。跨境电子商务平台将境内消费者订单信息发给境外批发商或厂商，境外批发商或厂商以零售形式向境内消费者发送货物，如天猫国际等。

② 自营直采+保税备货。大部分采用"自营直采+保税备货"模式的商户都是自建平台、自己备货的，前端获取消费者和后端采购都需要大量资金做支撑，如苏宁直采等。"自营直采+保税备货"模式如图 1-9 所示。

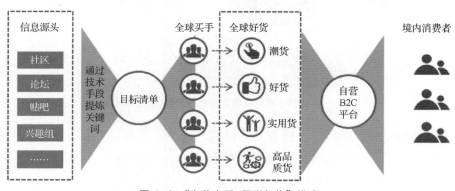

图 1-9　"自营直采+保税备货"模式

③ 境外代购模式。身在境外的人/商户为境内消费者在当地采购其所需商品并通过跨境电子商务物流将商品送达境内消费者手中，如淘宝全球购、京东海外购、易趣全球市场等。

④ 导购/返利模式。这种模式分为引流和商品交易两部分。引流部分指通过导购资讯、社区推荐及用户返利来吸引用户流量；商品交易部分指境内消费者通过站内链接向境外 B2C 电商平台或者境外代购者提交订单实现跨境购物，如小红书的部分商品等。导购/返利模式如图 1-10 所示。

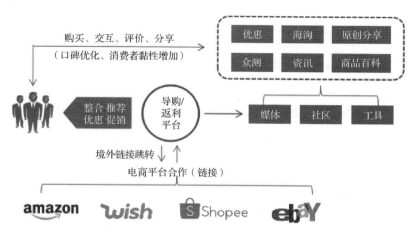

图 1-10　导购/返利模式

┃ 问题思考 ┃

请查找资料，判断以下平台属于哪种跨境进口电子商务运营模式。

✽ 1.1.4　跨境电子商务发展趋势

1. 产业带+跨境电子商务成为趋势

中国跨境电子商务产业集群主要分布在靠近产业带及出口活跃度较高的地区，包括广东、福建、江苏、浙江、山东、河南、四川及重庆。

一方面，靠近产业带能够快速响应市场需求，实现"前店后厂"模式；另一方面，产业带地区所对应的优势产业已形成较为完备的产业链，能够满足跨境卖家"产研销一体化"的需求。此外，出口活跃度较高的地区，其贸易政策与基础设施等相对完善，能够吸引跨境卖家集聚。中国跨境出口电商产业集群分布如图 1-11 所示。

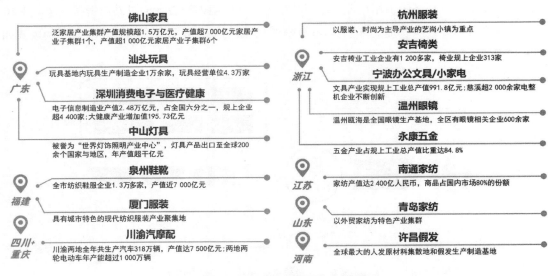

广东

佛山家具
泛家居产业集群产值规模超1.5万亿元，产值超7 000亿元家居产业子集群1个，产值超1 000亿元家居产业子集群6个

汕头玩具
玩具基地内玩具生产制造企业1万余家，玩具经营单位4.3万家

深圳消费电子与医疗健康
电子信息制造业产值2.48万亿元，占全国六分之一，规上企业超4 400家；大健康产业增加值195.73亿元

中山灯具
被誉为"世界灯饰照明产业中心"，灯具产品出口至全球200余个国家与地区，年产值超千亿元

福建

泉州鞋靴
全市纺织鞋服企业1.3万多家，产值近7 000亿元

厦门服装
具有城市特色的现代纺织服装产业聚集地

四川+重庆

川渝汽摩配
川渝两地全年共生产汽车318万辆，产值达7 500亿元；两地两轮电动车年产能超过1 000万辆

浙江

杭州服装
以服装、时尚为主导产业的艺尚小镇为重点

安吉椅类
安吉椅类工业企业有1 200多家，椅业规上企业313家

宁波办公文具/小家电
文具产业实现规上工业总产值991.8亿元；慈溪超2 000余家电整机企业不断创新

温州眼镜
温州瓯海是全国眼镜生产基地，全区有眼镜相关企业600余家

永康五金
五金产业占规上工业总产值比重达84.8%

江苏

南通家纺
家纺产值达2 400亿元人民币，商品占国内市场80%的份额

山东

青岛家纺
以外贸家纺为特色产业集群

河南

许昌假发
全球最大的人发原材料集散地和假发生产制造基地

图 1-11　中国跨境出口电商产业集群分布

2．全托管模式共创机遇

全托管模式是指由第三方服务提供商为卖家提供一站式的跨境电子商务解决方案，包括仓储管理、物流配送、海关清关、产品引流、商品推广、支付结算、售后服务等各环节服务，并从中赚取商品买卖价差。2022 年底 Temu 全托管模式横空出世，引爆行业，吸引速卖通、SHEIN、Shopee、Lazada、TikTok Shop 等平台纷纷跟进，引导整个跨境电子商务市场新一轮迭代更新。全托管模式瞄准的是中国供应链背后的产业带工厂，对想出海而又缺少跨境电子商务运营经验的传统企业，以及想开拓新赛道而又分身乏术的跨境电子商务卖家来说，无疑是既省心又省时的良策，极大降低了企业的出海门槛和成本投入。各平台的全托管模式运营如表 1-1 所示。

表 1-1　各平台的全托管模式运营

平台名称	全托管优势	选品	结算	品控	备货	定价权	物流	售后
速卖通	布局全球物流网络和全球市场	平台与商家协商	订单发货10天后	商家负责	商家负责	平台与商家协商	平台负责（自建物流网络，实现全球五日达）	平台负责
TikTok Shop	短视频、直播推广	平台与商家协商	确认收货10天后	商家负责	商家负责	平台与商家协商	平台负责（第三方物流）	平台负责
Temu	极致低价、社交裂变	平台与商家协商	确认收货日T+1	商家负责	商家负责	商家基本无定价权	平台负责（第三方物流）	平台、商家分别负责
SHEIN	服装供应链管理、小单快返	平台负责	7-30天	平台负责	平台/商家	商家基本无定价权	平台负责（第三方物流）	平台负责

1.2 跨境电子商务物流概述

✱ 1.2.1 跨境电子商务物流的概念

跨境电子商务物流指分属不同关境的交易主体通过跨境电子商务平台达成交易并进行支付结算后，通过跨境物流服务送达商品、完成交易的国际商务活动。

 知识拓展

关境与国境

关境是"海关境界"的简称，是执行统一海关法令的领土范围。国境是指一个国家行使全部主权的领土范围，包括领陆、领海、领空。跨境电子商务物流中的"境"指关境。

通常情况下，关境与国境是一致的。而有些国家和地区的关境与国境并不完全一致。如一国境内有自由港或自由区，它们就不属于该国关境范围之内，在此情况下，关境小于国境；对于缔结关税同盟的国家或地区，它们的领土成为统一的关境，在此情况下，关境则大于国境。

请思考： 在中国，关境和国境哪个大？

┃ 问题思考 ┃

以下活动是否属于跨境电子商务物流活动？

- 日本代购者将其替上海某客户代购的化妆品以直邮形式寄到上海。
- 通过天猫国际购买进口食品，食品从澳大利亚寄回。
- 通过考拉海购购买纸尿裤，纸尿裤从宁波保税区发货。
- 在京东超市购买进口枸杞干，京东物流第二天送货上门。
- DHL 将海淘商品主动报税，通知消费者到海关缴纳税费。
- 湖州织里的一家童装公司在 Wish 网站上出售童装，通过邮政小包发货。
- 深圳浩方公司代理东莞一家智能桌椅工厂的跨境电子商务业务，通过法国的海外仓发货。

✱ 1.2.2 跨境电子商务物流作业流程

跨境电子商务物流按照核心业务节点划分，可以分为前端揽收、库内操作、出口通关、干线运输、境外清关、中转分拨、尾程派送、退件处理等环节。每个环节都有核心参与者。跨境电子商务物流作业流程如图 1-12 所示。

图 1-12　跨境电子商务物流作业流程

1．前端揽收

揽收是跨境物流发生在境内的一个环节，即客户在国内把货物交给物流公司。揽收常见的收货方式主要有上门提货、第三方物流配送，以及仓库代收、系统指派提货等方式。根据国际货代公司规模、客户所在地区差异及货物类型等因素，可选择不同的收货方式。在前端揽收环节，跨境电子商务物流企业主要是以在跨境电子商务产业发展比较集中的核心城市自建揽收网点。

2．库内操作

在库内操作环节，跨境电子商务物流企业主要是以构建区域性的分拨处理中心为载体。按照业务模式来划分，FBA 物流企业的国内仓储分拨中心相对简单，主要是以空派、海派等货物的集货模式为主，配备了全自动流水分拣线。

3．出口通关

对于出口通关，国家出台了"9610"（跨境电子商务 B2C）、"9710"（跨境电子商务 B2B）、"9810"（跨境电子商务出口海外仓）、"1210"（保税电商出口）等适用于跨境电子商务出口通关的监管模式。

4．干线运输

国际干线运输指的是运输网中发挥骨干作用的线路物流运输，可以分为航空干线、海运干线、铁运干线等。

在干线运输环节，80%左右的中小型跨境电子商务物流企业主要委托航空公司或者航运公司的核心代理向承运人订舱。另外 20%左右具备一定货量规模的跨境电子商务物流腰部和头部企业采取核心主营线路直接面对航司包板或者包机为主，非主营线路向航司代理人采购运力的组合策略。

5．境外清关

境外清关是指货物在进入进口国关境时，需要依照进口国的法律法规和相关规定履行对应的手续，提交相关的文件。在境外通关环节，中国的跨境电子商务物流企业基本都是与境外清关合作外包模式为主，个别企业开始收购海外清关行，极少有中国跨境电子商务物流企业在海外自建清关行。

6．中转分拨

中转是指由于目的地较远，物流公司必须通过一个或多个地点完成到目的地的运输，这之间的运输过程称为中转。中转点是物流公司进行货物分拣集散的一个重要节点，主要是将从各个网点汇聚而来的货物进行集中、转运和交换，实现货物从前端分散到中转集中再到末端分散的流动。

分拨中心是集加工、理货、送货等多种职能于一体的物流据点，主要具有存储、分拣、集散、衔接、加工等功能。分拨中心的服务对象是为数众多的企业，众多的客户彼此之间存在着很大的差别，各自的性质、经营规模都有所不同，从而导致提交过来的货物在种类、规格、数量上都存在差异。为了能够同时向不同用户配送多种货物，分拨中心采取不同的方式对收集的货物进行拣选后，再按照配送计划将货物进行分装和配送。

7．尾程派送

尾程是跨境电子商务卖家选择何种目的国本土的快递方式将商品送到消费者手中，尾程派送一般以目的国当地的物流和快递公司为主。

8．退件处理

跨境电子商务出口退货货物可单独或批量运回，退货货物自出口放行之日起一年内退回。跨境电子商务出口企业和特殊地区跨境电子商务的相关企业，申请退货业务时需要建立相应的退货流程监管制度，务必要确保退货商品是原来的出口商品，并据此承担相关的法律责任。

跨境电子商务物流的各参与方如图 1-13 所示。

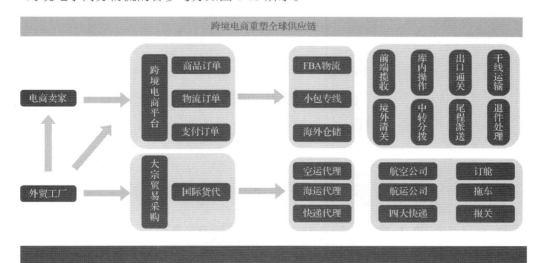

图 1-13　跨境电子商务物流参与方

1.3 跨境电子商务物流的模式

跨境电子商务企业为了能够给广大消费者提供更优质的跨境电子商务物流配送服务，并有效降低跨境电子商务物流成本，会选择自建物流，或者与第三方物流企业进行战略合作，以通过创新的跨境电子商务物流模式来构建较强的核心竞争力。

具体来看，我国的跨境电子商务物流模式主要有以下 3 种。

❋ 1.3.1 "单一"跨境电子商务物流模式

在"单一"跨境电子商务物流模式中，境外上游供应商会将跨境电子商务企业需要的商品运送至其在境外的物流配送中心，而物流配送中心负责商品备货及仓储管理等。在收到跨境电子商务平台发送的订单后，物流配送中心就会进行拣选、包装及出货，将订单所需的商品以单件包裹的形式交付给具备跨境电子商务物流服务能力的国际快递公司，如图 1-14 所示。

图 1-14 "单一"跨境电子商务物流模式

这种物流模式不需要跨境电子商务企业建立专业的转运物流配送中心，并且不用考虑目的地对跨境包裹的特殊规定。这些都由专业的第三方国际快递公司全权负责。由于这些国际快递公司在跨境电子商务物流配送领域深耕多年，其在通关及报税等方面往往具备较大的优势。此外，由于包裹是进行单件配送的，不需要积累足够规模的订单后再交给国际快递公司，从而有效降低了配送的时间成本。

这种物流模式也存在一个十分明显的缺陷，即国际快递公司对单件包裹收取的运费十分高昂。除了利润相对较高的奢侈品、艺术品等，跨境电子商务企业很少采用这种物流模式。

❋ 1.3.2 "两段中转"跨境电子商务物流模式

在"两段中转"跨境电子商务物流模式中，跨境电子商务企业的境外供应商首先将商品配送至跨境电子商务企业在境外的物流配送中心。收到订单后，物流配送中心进行拣选、包装及出货，这与"单一"跨境电子商务物流模式完全相同，但这种物流模式需要物流配送中心对订单及包裹进行整合，将货物通过国际快递公司整批运送到中转国际物流中心（境外转运中心）。中转国际物流中心收到货物后，会将整批货物进行拆分，然后以单件包裹的形式交付给国际快递公司运送至目的地。

由于这种物流模式包含两段运输路程，且转运点位于中转国际物流中心，因此称为"两段中转"跨境电子商务物流模式，如图1-15所示。这种物流模式不需要跨境电子商务企业考虑目的地的特殊政策，并且能够整合大量的单件包裹，明显降低了物流成本。

图 1-15 "两段中转"跨境电子商务物流模式

这种物流模式也存在一定的缺陷，如运输方案相对复杂，同时涉及单件运输与整批运输，对国际快递公司的配送能力提出了极高的要求；消费者查询物流信息时，需要分成两个阶段；由于商品需要通过中转国际物流中心进行转运，因而延长了配送时间。

❖ 1.3.3 "两段收件"跨境电子商务物流模式

"两段收件"跨境电子商务物流模式是由境外供应商将商品配送至跨境电子商务企业位于该国（地区）的物流配送中心。收到订单后，物流配送中心对商品进行拣选、包装及出货，还要根据目的地的不同将其整合为不同的整批货物，再交给国际快递公司运送到目的地物流配送中心。然后，目的地物流配送中心对整批货物进行拆分，最后使用当地的快递体系将包裹运送到目的地。

这种物流模式同时包含整批运输及单件运输，且转运点位于目的地，所以将其称为"两段收件"跨境电子商务物流模式，如图1-16所示。

图 1-16 "两段收件"跨境电子商务物流模式

同样，这种物流模式也整合了大量的单件包裹，可以有效降低物流成本，并且使用目的地的快递体系完成配送，所以在成本方面会更具优势。不过，这种物流模式需要跨境电子商务企业在收件人所在国（地区）建立物流配送中心。

受世界各地物流业发展水平的影响，跨境电子商务企业很难给消费者一个明确的包裹预计到达时间。物流信息查询同样分为两个阶段：一是国际快递公司运输阶段，二是收件人所在国（地区）快递体系运输阶段。

电子商务与物流之间是相辅相成的关系，电子商务的发展需要强大的物流体系提供支撑，物流业发展水平的提高也需要电子商务给予强大的推力。

因此，物流领域尤其是跨境电子商务物流领域的相关从业者需要携手努力，创新跨境电子商务物流模式，推动跨境电子商务更高效地运作，为我国跨境电子商务物流业走向成熟注入源源不断的活力和动力。

1.4 跨境电子商务供应链概述

与境内物流相比，跨境电子商务物流涉及范围更广、影响更深远，其不仅与多个国家（地区）的社会经济活动紧密相连，更受到多个国家（地区）间多方面、多因素的影响。

具体来看，我国跨境电子商务物流的特点主要表现在以下 5 个方面。

❋ 1.4.1 供应链与供应链管理

中华人民共和国国家标准《物流术语》（GB/T 18354—2021）将供应链定义为：生产及

流通过程中，围绕核心企业的核心产品或服务，由所涉及的原材料供应商、制造商、分销商、零售商直到最终用户等形成的网链结构。

中华人民共和国国家标准《物流术语》（GB/T 18354—2021）将供应链管理定义为：从供应链整体目标出发，对供应链中采购、生产、销售各环节的商流、物流、信息流及资金流进行统一计划、组织、协调、控制的活动和过程。供应链中的商流、物流、信息流及资金流如图 1-17 所示。

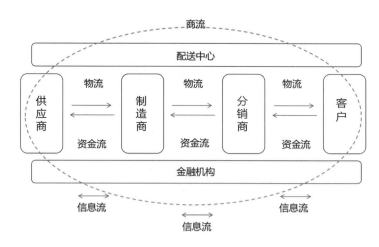

图 1-17　供应链中的商流、物流、信息流及资金流

供应链管理的五大基本内容分别为计划、采购、制造、交付、退货，如图 1-18 所示。

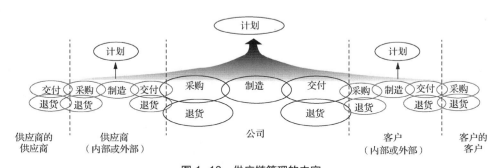

图 1-18　供应链管理的内容

✷ 1.4.2　跨境电子商务的供应链定义

跨境电子商务供应链是指围绕跨境商品采购、运输、销售、消费等环节提供服务，构成连接上游品牌方、下游消费者并承载信息流、物流、资金流的功能网链服务结构。跨境电子商务的供应链包括消费者、外贸厂商、跨境电子商务平台、第三方支付平台、第三方物流、境外转运公司、海外仓、国际干线运输商、关务代理公司、供应链整合服务商、政府监管部门等。跨境电子商务的供应链如图 1-19 所示。

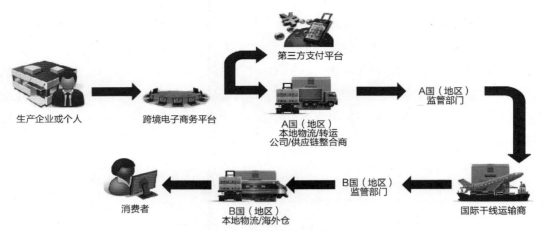

图 1-19　跨境电子商务的供应链

　　跨境电子商务供应链管理的特征体现在以下几点。

（1）以顾客满意为最高目标，以市场需求的拉动为原动力。

（2）各地区企业之间关系更为紧密，共担风险，共享利益。

（3）把供应链中所有节点企业作为一个整体进行管理。

（4）对工作流程、实物流程和资金流程进行设计、执行、修正和不断改进。

（5）利用信息系统优化供应链的运作。

（6）缩短产品交付时间，使生产、运输等尽量贴近实时需求。

（7）减少采购、库存、运输等环节的成本。

　　以上特征中，（1）（2）（3）是跨境供应链管理的实质，（4）（5）是实施跨境供应链管理的两种主要方法，而（6）（7）则是实施跨境供应链管理的主要目标，即从时间和成本两个方面为产品增值，从而增强企业的竞争力。

 知识拓展

SHEIN 柔性供应链

　　全球领先的时尚零售商 SHEIN，近年来在全球市场上的表现亮眼。SHEIN 之所以能取得如此瞩目的成绩，主要得益于其人工智能（Artificial Intelligence，AI）驱动的"小单快反"的柔性供应链模式。这是快时尚行业数字化重构的典范，通过"人工智能+大数据+物联网"技术，实现了从"预测生产"到"实时响应"的范式跃迁。这种模式使得 SHEIN 能够迅速响应市场变化，实现快速生产和补货，极大地缩短了产品从设计到上市的周期，也是 SHEIN 在行业中的竞争力所在。

　　一直以来，SHEIN 通过按需生产"小单快反"的柔性供应链模式，提升市场供应与需求的适配能力。服装行业"猜测市场需求、提前季度备货"的传统生产模式，带来"重资金、高库存、长账期"的"老大难"问题。

　　通过技术创新推动服装生产制造商的数字化转型升级，SHEIN 在按需生产的柔性供应链模式下，实时分析跟踪时尚趋势，针对所有 SKU 都从非常小的订单开始，一般以100～200 件起订，如果销售趋势好立刻返单，但如果销售不达预期则中止生产。

这种根据市场和消费者需要，按需生产及时应对和调整的方式，从源头上减少了原材料和生产资源浪费，并极大降低库存水平。借此，SHEIN 能将未销售库存率降低至个位数，不及行业其他品牌未销售库存平均水平的十分之一。

SHEIN 能实现柔性按需供应链的背后，是其对传统供应商数字化升级的全面推动。SHEIN 研发数字化技术工具并进行供应商赋能，让供应商生产制造过程中的每个环节都获得线上化和数字化升级改造，从而让生产资料和生产要素在每个环节都进行精准与智能的匹配。

❋ 1.4.3 跨境电子商务供应链管理的内容

1. 建立全球化的供应链网络

企业需要与世界各地的供应商、制造商、物流公司和分销商建立紧密的合作关系，通过签订长期合作协议，确保供应链各环节的稳定性和可靠性。同时，利用现代信息技术，如 ERP 系统和供应链管理软件，实现供应链各环节的信息共享和协同作业，提高整个供应链的透明度和效率。

2. 优化库存管理

企业应采用先进的库存管理系统，实现库存的实时监控和动态调整。通过数据分析，预测市场需求，合理安排库存，避免过度库存或缺货。同时，建立多级库存体系，包括中央仓库、区域仓库和本地仓库，以缩短物流时间和降低物流成本。此外，还可以采用第三方仓储服务，利用专业物流公司的资源和经验，提高库存管理的效率和灵活性。

3. 提升物流效率

国际物流是跨境电商供应链中最重要也是最具挑战性的环节。企业应选择信誉好、服务质量高的国际物流公司合作，确保货物的安全和及时送达。同时，可以通过建立海外仓，将部分商品提前存储在目标市场的仓库中，缩短物流时间，降低物流成本。此外，还可以采用多渠道物流策略，如空运、海运和陆运相结合，根据不同的商品特性和客户需求，选择最合适的物流方式。

4. 加强清关与合规管理

清关是跨境电商供应链中不可或缺的一环，各国的进口政策和清关流程差异较大，企业需要熟悉并遵守相关法律法规。可以通过聘请专业的清关代理公司，确保所有文件和手续齐全，避免货物被扣押或延误。此外，企业还应建立一套完善的合规管理体系，定期培训员工，确保各个环节的操作符合法律法规要求。

5. 提供优质的售后服务

跨境电商企业应建立完善的售后服务体系，包括退换货、维修和客户服务等。通过设立多语言客服团队，及时响应客户的咨询和投诉，解决客户的问题。同时，可以通过社交媒体和在线平台，收集客户的反馈和建议，不断改进产品和服务，提升客户体验。

行业观察

RCEP，如何影响你我

RCEP 是 "Regional Comprehensive Economic Partnership" 的缩写，中文全称为《区域全面经济伙伴关系协定》。该协定是由东盟10国发起的，邀请中国、日本、韩国、澳大利亚和新西兰参加，旨在消减关税和非关税壁垒，建立统一、自由、互相开放的市场，实现区域经济一体化。

RCEP 覆盖人口约占全球人口的 30%，是目前全球涵盖人口最多、经济总量最大、贸易总额最多的自贸协定。

为什么说中国签署 RCEP 很重要呢？这要从以下方面来说明。

一、RCEP 将双循环推向新高潮

商品、投资、技术等能在 RCEP 成员之间自由流通，超过 90% 的商品实现零关税。从前很多商品无法出口，因为加上关税之后就没有价格优势了，但签署 RCEP 后，成员之间的商品流通就像将商品从浙江卖到江苏，不仅可以扩大市场规模，而且可以扩展内循环的主体。

二、RCEP 将促进中国更加开放

RCEP 有利于中国实现更高级别的开放。从消费者的角度来看，RCEP 的达成将使消费者可以购买到更加物美价廉的商品，更好地满足人们对美好生活的向往。此外，RCEP 的达成还将降低中国劳工出国就业的门槛，进一步促进区域内的劳动力流动。从生产者的角度来看，关税水平的降低、准入门槛的下降（对待外资更加平等，减少对本土企业的支持，增强区域内企业的公平竞争等），将使企业的生产成本和投资成本大幅降低，从而扩大企业的获利空间。

作为东亚经济增长的主要引擎，中国与东盟的经贸投资合作逆势上扬，持续为推动东亚区域经济复苏作出贡献。中国贯彻新发展理念，推动高质量发展，加快构建新发展格局，在坚持扩大内需的同时，推进高水平对外开放，持续展现市场的巨大潜力，彰显支持贸易自由化、主动向世界开放市场的大国担当。

【拓展讨论】请你搜集资料，全面了解 RCEP，并思考 RCEP 为中国带来了哪些机遇和挑战？

测试与思考

1．简答题

（1）什么是物流？

（2）物流活动的过程包括哪些内容？

（3）什么是跨境电子商务物流？

（4）阐述跨境电子商务物流的流程。

（5）什么是跨境电子商务供应链？

（6）跨境电子商务供应链的特点是什么？

2．单选题

（1）（　　　）不属于物流的基本功能。

    A．运输   B．装卸   C．销售   D．包装

（2）商流与物流的关系是（　　　）。

    A．相互独立，毫无关系   B．关系密切，相辅相成

    C．物流是商流的先导   D．商物不分离

3．判断题

（1）流通实际上就是物流。（　　　　）

（2）商流是产生物流的物质基础。（　　　　）

（3）流通活动中的资金流是在商品所有权更迭的交易过程中发生的，可以认为从属于商流。（　　　　）

（4）物流包含商流、资金流和信息流。（　　　　）

（5）"单一"跨境电子商务物流模式是跨境电子商务企业普遍采用的物流模式。（　　　　）

（6）跨境电子商务物流的运输周期问题成为跨境电子商务发展过程中的重大问题。

（　　　　）

4．案例分析题

苏宁海外购（以下简称"苏宁"）与中外运空运发展股份有限公司（以下简称"中外运"）签署战略合作框架协议。协议规定，双方在保税仓代运营、海外仓储租赁及代运营、境内外清（转）关、境外本地配送服务、境内外运力资源获取及运输等跨境电子商务物流项目上开展战略合作。目前，跨境电子商务物流的时效性比较低，如从中国到美国的商品可能要10～12天才能签收。苏宁凭借在美国的自采体系，报关业务由苏宁自己完成，时效方面可以缩短至5～7天。据悉，中外运的核心优势表现在跨境电子商务物流上：中外运与DHL有近30年的战略伙伴关系，覆盖全球200多个国家和地区。

【问题】

（1）苏宁与中外运的合作模式有哪些特点？

（2）简要分析跨境电子商务物流发展遇到的瓶颈。

第 2 章

跨境电子商务采购

本章导入

全球市场的采购管理

商家要开展跨境电子商务业务，需要做好两项工作：一是明确商品，二是找到好的供应商。

在全球市场的背景下，消费者对商品的需求逐渐向个性化、多样化转变，加上世界经济体制的个性化和多元化，我国企业要想在全球市场中立足，需要改变以往的采购策略，并加强采购管理，以适应国际形势。在跨境电子商务物流中，采购是重要支点，支撑着各个企业间资源的整合。

思考： 1. 跨境电子商务采购具有哪些特点？

2. 跨境电子商务采购与传统采购有何不同？

学习导航

小节内容	职业能力目标	知识要求	素养目标
2.1 跨境电子商务采购概述	能理解跨境电子商务采购的概念及流程	1. 掌握跨境电子商务采购的概念 2. 了解跨境电子商务采购的流程 3. 熟悉跨境电子商务采购的注意事项	
2.2 跨境电子商务采购的模式	能掌握跨境电子商务采购的多种模式	1. 理解跨境电子商务采购的多种模式的概念 2. 理解各种模式之间的区别和联系	1. 养成吃苦耐劳和与他人合作的品质 2. 逐步形成科学的世界观和正确的价值观
2.3 跨境电子商务采购的管理	能正确运用跨境电子商务采购的管理方法	1. 掌握选品策略 2. 熟悉跨境供应商管理，会区分供应商的类别，选择合适的供应商 3. 了解采购决策的特点、作用和做出采购决策的方法	3. 培养良好的职业道德，树立诚实守信、爱岗敬业、严谨的工作作风
2.4 跨境电子商务采购的成本控制	能够运用多种方法实现跨境电子商务采购的成本控制	1. 掌握跨境电子商务采购成本的概念 2. 掌握 ABC 分类法、经济订货批量法、按需订货法 3. 熟悉定量采购控制法和定期采购控制法	

知识与技能

 **跨境电子商务采购概述**

跨境电子商务采购是全球物流供应链中的关键环节。企业对采购进行恰当的控制和指导，能够提高供应量对市场需求的响应速度，对整个供应链及其每个环节都具有重要的意义。本节从跨境电子商务采购的概念、流程和注意事项等方面来介绍跨境电子商务采购。

✳ 2.1.1　跨境电子商务采购的概念

跨境电子商务采购指在跨境电子商务环境下，相关企业或个体借助一定的手段从资源市场获取资源的整个过程，通常表现为企业或个体购买货物与服务的行为。

当前，跨境电子商务采购方式主要包括集中型采购、准时制采购、双赢型采购 3 种。

集中型采购指企业或个体整合各个生产经营单位所需要的零散采购计划，并且通过合同类物资，增加境外采购的数量，并以此为筹码与境外供应商洽谈，实现控制采购成本目的的采购方式。

准时制采购指企业或个体在合适的时间、地点，购买数量、质量合适的货品，以消除不必要的存货，并进一步提高存货质量，确保双方获利的采购方式。

双赢型采购强调供应商、生产商的合作关系，为实现两者的共赢寻找平衡点，实现资源和信息的共享。

> **┃ 问题思考 ┃**
>
> 以下活动是否属于跨境电子商务采购？
> - 王小蒙在 Wish 上开了一家童装店，每周去湖州织里童装城拿货。
> - 爱乐儿是一家进口母婴用品店，店里的商品大多是从保税区直采的。
> - 海尔物流的所有物资按照订单采购，从根本上消除了呆滞物资并消灭了库存。
> - 朝日啤酒公司自 1986 年就开始推行"鲜度交替管理"战略，对产出 20 天后才出厂的啤酒进行回收。
> - 张敏在敦煌网开了一家店铺，自己没有库存，发货都是在阿里巴巴找商家一件代发。

✳ 2.1.2　跨境电子商务采购的流程

跨境电子商务采购的流程主要分为以下 6 个步骤。

1．市场评估

跨境电子商务企业要开发物美价廉、适销对路、具有竞争力的商品，以赢得消费者、占领市场、获取经济效益。在商品开发方面，跨境电子商务企业不仅要考虑目标市场的需求和技术上的可行性，还要考虑商品各构成部件的供应成本和供应风险。

2．企业自制与外购决策

跨境电子商务企业所需的商品既可以由企业内部供应，也可以通过外购获得。商品是否涉及企业竞争优势或对企业业务是否重要是做决定的关键因素。与此同时，环境分析结果也为最终决策提供依据。如果所需商品涉及企业的竞争优势或对企业业务至关重要，企业又有较强的供应能力，那么企业可以采取自制方式来实现内部供应。如果商品不涉及企业的竞争优势或对企业业务不是至关重要的，那么企业应尽量采用外购方式获得，以便企业将其有限的资源集中在主要生产经营活动中。企业进行自制与外购决策的流程如图 2-1 所示。

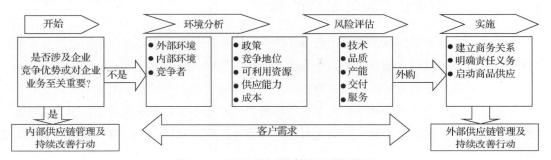

图 2-1　企业进行自制与外购决策的流程

 知识拓展

全球一件代发——最简单的跨境电子商务模式

很多人因为资金问题和复杂的开店流程而不愿或不敢进入跨境电子商务行业。如果有人愿意负责店铺商品的库存，这样做跨境电子商务就容易多了。实际上，全球一件代发业务就是这样的商业模式。

全球一件代发业务是一种贸易方法，即无库存销售。其最大的优势就是，相关企业或个体不需要考虑库存问题，也不用担心物流问题。当消费者通过跨境电子商务平台购买商品后，供应商可以直接发货到消费者手中。此外，消费者并不知道你做的是一件代发业务，因为你与供应商签订的合同要求，供应商应以你的名义进行发货。零成本、效率高、便捷性是全球一件代发业务的主要优势。一些大型的零售商（如 Sears 等）也会使用全球一件代发模式来扩大自己的市场。

【思考】请阐述全球一件代发模式的优缺点。

3．采购计划

跨境电子商务采购计划是相关人员在了解市场供求情况，以及认识企业生产经营活动和掌握物料消耗规律的基础上，对计划期内物料采购管理活动所做的预见性的安排和部署。

4．供应商开发

开发供应商的主要目的是寻找合适的潜在供应商，并保证稳定、持续的供应。供应商开发首要先进行供应细分市场的调研和选择。根据地理区域、规模、技术和销售渠道等，供应市场可以划分为若干细分市场，不同供应细分市场的风险和机会不同，一般企业会选择其中一个细分市场进行采购。供应商开发的步骤如图2-2所示。

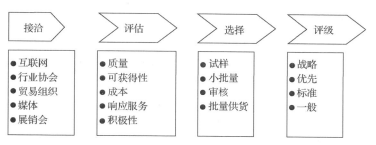

图2-2　供应商开发的步骤

5．供应商管理

选择好合适的供应商之后，跨境电子商务企业需要与供应商保持密切的联系，这是因为供应商的供应能力和积极性会不断变化。供应商管理包括供应商业务管理、供应商风险管理、供应商绩效评估、供应商关系管理等内容。其中，供应商关系管理最为重要。根据企业与供应商的个人关系和信任程度可绘制企业与供应商的关系图谱，如图2-3所示。

图2-3　企业与供应商的关系图谱

6．供应商绩效考核

没有控制，就不可能进行有效的管理。采购管理同样需要进行采购绩效的考核和控制。企业通过采购绩效考核，才能对采购工作进行评价；只有通过采购绩效控制，才能发现采购工作中存在的问题，从而解决问题。

❋2.1.3　跨境电子商务采购的注意事项

1．境外消费者市场

跨境电子商务涉及的范围广，各国（地区）的消费阶段、消费习惯、社会风情和经济发展阶段相差悬殊，因此，在处理相关问题时，商家要正确估计消费者和境外市场的复杂情况。

（1）拉美市场中，巴西人口超过 2 亿人，而墨西哥人口超过 1 亿人。拉美市场与欧美市场接近，客单价高，利润可观。又因为距离中国路途遥远，综合税率、物流、回款等因素，进入门槛高，在行业里有着"跨境电商最后一片蓝海"的说法。但长期以来，拉美地区关税和贸易保护主义筑起市场壁垒。自 2024 年 8 月 1 日起，巴西取消对价值 50 美元及以下进口商品的免税政策，并恢复征收 20% 的关税，此举主要对跨境小包裹造成打击。跨境小包的没落，也意味着供应链中心转向本土。此外，巴西对外来商品也设立了认证体系，巴西的三大认证体系分别是 INMETRO、ANVISA 和 ANATEL。

（2）欧美市场作为全球经济最为发达的地区之一，消费能力强，对品质和创新有着极高的追求。虽然市场竞争激烈，但高端商品、科技产品、时尚服饰等领域仍有大量机会。此外，欧美消费者注重品牌故事和环保理念，为具有独特卖点和价值主张的品牌提供了发展空间。

（3）东南亚市场近年来经济快速增长，中产阶级群体不断扩大，对海外商品尤其是品质优良、性价比高的商品需求旺盛。加之年轻人口比例高，互联网普及率迅速提升，电商消费习惯逐渐形成，为跨境电商提供了巨大的市场潜力。特别是印度尼西亚、马来西亚、泰国、菲律宾等国家，更是成为跨境电商的热点区域。

📖 案例拓展

假发出口

谢荣钿大学毕业后的第一次创业是做椰棕床垫的在线外贸批发。然而一年下来，他的生意并没有什么起色，主要问题是旺季时找不到稳定的货源，淡季时又几乎没生意。后来通过朋友介绍，他改行做起了假发出口生意。要做假发出口，就需要研究境外市场。慢慢地，他摸到了门道。

例如，在美国，做一套假发的平均成本为 500～600 美元，而在在线外贸平台上，我国商家出售的假发只卖 100 美元左右。这样，美国消费者网购我国的假发商品，即使加上其他各项费用，也只需要 300 美元左右。

谢荣钿在美国亚特兰大考察时，发现那里的假发生意主要被韩国厂商垄断，实体店也大多是韩国人在做，而这些韩国厂商的货源基本上来自我国。发现这一情况后，他通过跨境电子商务平台直接把假发销往亚特兰大。我国是原产地，只要把最终价格控制得比当地实体店略低，同时把控好商品的质量和提供的服务，就拥有竞争优势。

通过许许多多"谢荣钿"的手，在跨境电子商务平台上受外国人欢迎的出口小商品中，假发的销售量已经上升到第三位，仅次于服装和手机。

谢荣钿刚开始在跨境电子商务平台做假发出口时，从采购、跟单到发货，全靠他一个人，第一个月的销售额为 3 万元，第二个月的销售额达到 10 万元。于是，他在第三个月开始招聘人手，岗位涉及业务、采购、后台操作等，同时注册公司，第三个月的销售额高达 15 万元。2011 年，他注册成立了一家新公司，注册资金为 300 万元，他个人占股 40%，员工发展到 40 多人，营业额在短短一年间从每月 30 万元上升到 400 万元。在全球速卖通上，他所拥有的 Rosa 和 Luvin 两款假发品牌的销售量均位居假发品类前列，且9成以上的包裹是发往美国的。

而这一切，与他当初深入调研境外市场、把准市场脉搏密切相关。

【思考】从上述资料中，你得到了什么启示？

2. 禁限售品

各个国家或地区市场不同、文化各异，跨境电子商务企业在将自己的商品拓展到全球市场的过程中，进行本地化的改变是必不可少的。跨境电子商务企业只有充分了解当地的文化、习俗、进出口政策规定等，才能较好地融入当地市场，实现业务的顺利开展，改善服务效果。

由于各个国家或地区的进出口政策存在差异，一些商品在特定的国家或地区是禁止进口或禁止销售的。表2-1列举了部分国家或地区禁止进口的商品种类。我国的跨境电子商务企业一定要注意这方面的规定。

表 2-1　部分国家或地区禁止进口的商品种类

国家/地区	商品（英文）	商品（中文）
美国	Hair Dryers	吹风机
	Hoodies & Sweatshirts	儿童帽衫（带有抽绳的儿童帽衫因安全隐患禁止运送）
	Pharmaceutical Machineries	药片压片机/药片数片机
	Laboratory Heating Equipments	实验室加热设备
欧盟国家或地区	Hoodies & Sweatshirts	儿童帽衫（带有抽绳的儿童帽衫因安全隐患禁止运送）
	Laser Pointer/Laser Pens	激光笔
	Kitchen Lighters	点火器
	Lighters	打火机
俄罗斯	Lighters	打火机
	Plant Seeds	种子
	Pharmaceutical Machineries	药片压片机/药片数片机
	Laboratory Heating Equipments	实验室加热设备
	Smoking Accessories	烟具
	Loose Gemstones	裸宝石
	Bow & Arrow	弓、箭
澳大利亚	Plant Seeds	种子
	Pharmaceutical Machineries	药片压片机/药片数片机
	Laboratory Heating Equipments	实验室加热设备
加拿大	Walkers	学步车
新加坡	Gun Accessories	枪支配件
	Toy Guns	玩具枪

2.2 跨境电子商务采购的模式

我国的跨境电子商务采购模式主要有品牌授权代理、经销商采购、散买集货、OEM 模式下的采购和分销平台采购这 5 种，如图 2-4 所示。本节主要介绍跨境电子商务的 5 种采购模式。

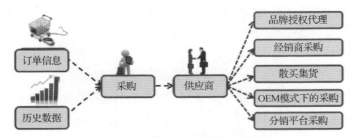

图 2-4　跨境电子商务采购的模式

❋ 2.2.1　品牌授权代理

品牌授权代理是指跨境电子商务企业从拥有品牌版权的企业处获得授权，成为其代理商，然后按合同规定，代为运作线上市场的一种采购模式。获取品牌授权代理是在跨境电子商务产业链中避免销售假货的一个有效途径。例如，美妆商品的渠道和货源问题一直是行业的隐忧，没有品牌的授权，即便直采直邮，仍屡次出现以次充好的现象。获得品牌商或大型国际零售商授权的跨境电子商务企业，通过直采减少商品的中间流通环节，从而获得了较低的采购价格，定价优势大，具备品牌背书，既保证了货源的质量，又保证了货源的稳定性。尤其对于非标品类，若分散采购，难以争取上游话语权，正品保障机制也难以确立。在未来，规模领先的跨境电子商务企业更容易与境外品牌商直接对接，往往更容易拿到"一手货源"，商品资源分化也将逐步显现。跨境供应链中原来存在巨大的信息差逐渐缩小，信息逐渐透明，跨境电子商务企业和境外货源供应商直接对话的机会逐渐增多。

 知识拓展

临时限制令（TRO）

TRO，全称为 Temporary Restraining Order，即临时限制令，是一种由法院颁发的紧急命令，旨在短期内限制某一方的行为，以防止进一步的损害。在跨境电子商务领域，TRO 通常与知识产权侵权相关，如商标、版权或专利侵权。当权利人认为其权益受到侵害时，可以向法院申请 TRO，以要求侵权方停止侵权行为，并可能冻结侵权方的资产。

近年来，不少权利人通过从美国法院获得 TRO，用于打击被告（如跨境电子商务平台的供应商）涉嫌侵权的行为。例如，一起涉及 Quad Lock 手机支架的 TRO 案件在跨境电子商务领域引起了广泛关注。Quad Lock 手机支架作为本案的核心产品，是 Annex Products Pty Ltd.旗下知名品牌。Annex Products 是一家总部位于澳大利亚的多元化企业，在移动技术等领域拥有深厚的实力。Quad Lock 手机支架以其独特的设计、多样化的功能以及高品质的材料赢得了广泛的赞誉，尤其在户外活动场景中备受青睐。然而，正是这款备受好评的产品，如今却成为了众多跨境卖家头疼的源头。随着 TRO 的生效，267 个相关店铺被紧急冻结，卖家们面临着巨大的经济压力和法律风险。

问题：请搜集其他的 TRO 案件，并思考，卖家如何避免和应对 TRO？

✸ 2.2.2 经销商采购

经销商采购是指跨境电子商务企业从境外品牌经销/代理商处获取优质货源的采购模式。跨境电子商务企业直接获得品牌方的授权难度较大，因此从境外品牌经销/代理商处取得合作是切实可行的途径。境外品牌经销/代理商在保证境内货物供给充足的情况下，会将货物分拨给跨境电子商务企业。通常情况下，经销商渠道的采购价格相对于厂商直供的价格偏高，有时还会遭遇厂商不承认货物正品资质的情况。这种采购模式难以保证货源的供应和价格的稳定，增加了采购垫资的风险。为了甄别货源品质，很多跨境电子商务企业采用"聚焦战略"，专注于几个国家或地区，锁定可靠的采购渠道；有的跨境电子商务企业则依靠品牌方的境内总代分销体系进行采购。

✸ 2.2.3 散买集货

散买集货是指跨境电子商务企业在没有能力和国际品牌商直接合作，拿不到代理权限和没有上级渠道，只能从"最末端包抄"时，从境外小批发商或零售商处买货的采购模式。这种采购模式增加了成本，拉长了周期。在缺口较大或有临时性采购需求时，跨境电子商务企业才会采用这种采购模式。散买集货的货源组织在当地有一定的人脉、仓库及资金等资源，不限于厂家拿货、渠道批发等方式。对于箱包服饰等轻奢类商品，跨境电子商务企业可组建境外精英买手团队，积累采购经验，掌握境外市场运作模式，与经销商建立合作关系，及时以促销价锁定爆款。

✸ 2.2.4 OEM 模式下的采购

原始设备制造商（Original Equipment Manufacture，OEM）模式又称代工生产，是一种委托他人生产的生产方式。在传统的 OEM 模式中，品牌生产者不直接生产商品，而是利用自己掌握的核心技术设计和研发商品，控制销售渠道，具体的加工任务通过合同订购的方式委托同类商品的其他厂商生产，之后将所订商品低价买断，并直接贴上自己的品牌商标。承接加工任务的制造商被称为 OEM，目前很多 OEM 转型升级成为跨境电子商务企业，自主设计商品，创建自主品牌，在价格上拥有更多的主动权。

OEM 模式下的采购特点如下。

（1）小批量、多批次：由于市场多变，商品更新快，品种繁杂，因此订单大多表现为小批量、多批次。

（2）交货期短：因为客户需求多是短期计划，所以交货期通常较短。

（3）商品质量要求差异大：即使是购买同一种商品，每个客户的要求都是不同的，不方便进行规模化采购。

（4）不方便设置库存：由于商品会有更新、客户也可能有更替，不通用的物料不方便设置库存，否则会形成呆料，给仓储部门带来压力。

> 📖**案例拓展**
>
> ### 从 OEM 模式转型为跨境电子商务模式
>
> 某实业有限公司主营泳装、瑜伽服等运动服饰的生产与销售。
>
> 该公司原先采用 OEM 模式。欧尚、沃尔玛、Mango、Maxmara 等国际知名品牌都是其合作伙伴。在原有模式下，品牌商提供设计方案，公司接单生产。但现在，公司渐渐开始自己设计商品，其自主设计的商品在推向市场后广受客户的好评，同时因自主设计商品，其在价格上拥有更多的主动权。因此，公司在继续接单生产的同时，也在循序渐进地发展自主品牌，并已在美国注册商标，实现从 OEM 模式向跨境电子商务模式的转型。
>
> **【思考】**从 OEM 模式转型为跨境电子商务模式会遇到什么样的难题和挑战？

❋ 2.2.5 分销平台采购

分销平台采购是中小型跨境电子商务企业采用的，在分销平台获得零库存、零成本的供应链支持，将跨境贸易的风险降到最低的采购模式。由于在境外采购、入驻保税仓的门槛较高，规模较小的电子商务企业虽然想发展跨境电子商务，但因自身渠道、资源等的限制，无法开展此项业务。分销平台采购在跨境电子商务的环境下，打破了时间、地域的限制，依托互联网建立销售渠道，不仅满足中小型跨境电子商务企业追逐红利的需求，还能扩大分销渠道、丰富商品形态、对接境外市场。分销平台结构如图 2-5 所示。

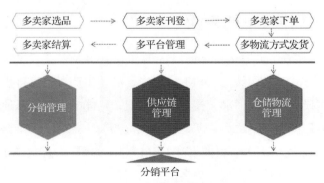

图 2-5　分销平台结构

分销平台采购模式主要有以下 3 种形式。

（1）商家旗下的分销平台采购。例如，环球易购分销平台将自身的货源开放给商家，商家可以在该平台上进行分销采购。

（2）物流商旗下的分销平台采购。例如，递四方旗下的借卖网、出口易 M2C 供销平台等发挥跨境电子商务物流仓储的优势，共享库存资源，商家可以选择采购。

（3）软件服务商旗下的分销平台采购。例如，赛兔云仓可以实现一键上传商品，简化了中小商家上架商品的步骤。

2.3 跨境电子商务采购的管理

跨境电子商务采购的管理是企业战略管理的重要组成部分，其目的是保证跨境电子商务的供应，满足生产经营的需要。跨境电子商务采购的管理既包括对采购活动的管理，也包括对采购人员和采购策略的管理。本节从选品策略、跨境供应商管理和采购决策等方面来介绍跨境电子商务采购的管理。

✳ 2.3.1 选品策略

选品即选择要卖的商品。常言道"七分靠选品，三分在运营"，选品决定了跨境电子商务运营的方向，是开展跨境电子商务业务非常重要的环节。跨境电子商务的选品策略主要有以下 4 种。

1．目标市场调研

市场分为蓝海市场和红海市场两种。红海市场代表竞争激烈的市场。在红海市场上，竞争对手众多，利润空间有限。蓝海市场代表竞争较小、需求和利润空间较大的市场。商家在选品时，应尽量避开红海市场，寻找蓝海市场。

商品的整体概念包含核心商品、有形商品、期望商品、附加商品和潜在商品这 5 个层次，如图 2-6 所示。跨境电子商务企业可以研究期望商品和潜在商品层次，寻找空白，开发新品。例如，Wish 上热卖的一款蓝牙耳机 S530。我们通过分析该爆款的用户评价可发现，很多用户反馈其电池容量不足。从期望商品层次分析，该爆款在电池容量上没有满足用户的期望。因此，商家可以开发电池容量更大的升级版蓝牙耳机，吸引原本要购买 S530 但苦于电池容量不足的用户。

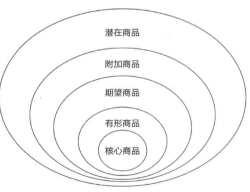

图 2-6 商品的 5 个层次

![行业观察]

　　跨境电子商务平台发布数字外贸年报，数字外贸八大蓝海赛道，新能源车、小众运动、智能硬件、"懒人"智能家居、绿色环保产品、绿色能源设备、五金工具、柔性生产小型机械等上榜，如图 2-7 所示。

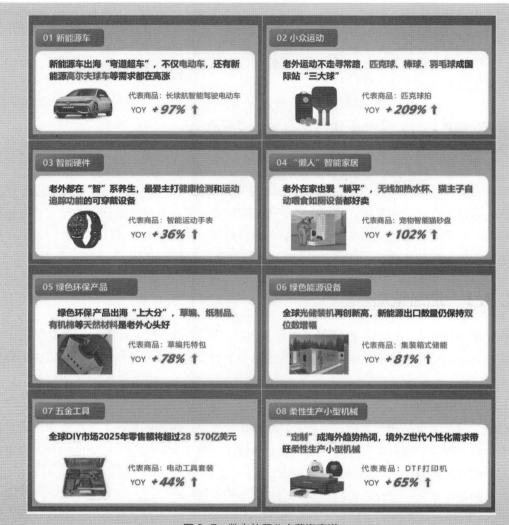

图 2-7　数字外贸八大蓝海赛道

在"新能源"领域，中国新能源车出海一骑绝尘，在产业链、技术等方面已经实现了"弯道超车"，中国的自主品牌已经具备了超越欧美传统大厂的产品力。新能源乘用车、高尔夫球车、电动摩托车及电动三轮车等成为热销趋势品类。

绿色能源设备方面，全球光储装机再创新高，新能源出口数量仍保持两位数增幅。而该需求不仅仅局限在欧洲，还在向东南亚国家以及新西兰等国延展。

在"绿色环保"领域，随着欧洲对环保要求的进一步提升，草编、纸制品、有机棉等可降解、纯天然成分材料的产品持续热销。在阿里巴巴国际站上还催生出环保"新三样"：草编托特包、环保纸制品包装以及淘米水去屑洗发露。

在"个性化"领域，无论是户外运动、五金工具，还是小型机械，满足境外消费者个性化、DIY 需求的商品，看似小众，实则潜力无限。

以户外运动为例，境外消费者不走寻常路，小众运动反成"显眼包"，匹克球、棒球、羽毛球或成国际站"三大球"。其中，因 2024 年巴黎奥运会将匹克球列为表演项目，匹克球拍销量增长已达 209%。新兴的露营、登山等野外休闲相关产品，依旧保持热销。

另外，个性化需求带旺柔性生产小型机械。预计全球 DIY 市场 2025 年零售额将超过 28570 亿美元，五金工具销量增长均超 30%。

在"智能"领域，AI 加速了硬件智能化趋势，并让"懒人"智能家居得以普及。消费电子相关的智能穿戴设备、智能影音产品以及智能小家电，让境外消费者追求"智"系养生的同时，也能宅家轻松"躺平"。

📖 实操拓展

下面以全球速卖通上销售墨镜（sunglasses）为例，演示寻找蓝海市场的方法。

（1）确定爆款。

以"sunglasses"为关键词在全球速卖通首页进行搜索，共找到 17 950 条结果。以"Orders"排列显示，排第一的商品订单量是 14 663，确定该商品为爆款，如图 2-8 所示。

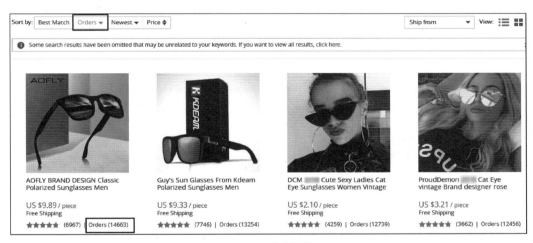

图 2-8　确定爆款

（2）分析商品。

浏览该商品详情页，如图 2-9 所示。该商品价格为每件 9.89 美元，标题为"AOFLY BRAND DESIGN Classic Polarized Sunglasses Men Women Driving Square Frame Sun Glasses Male Goggle UV400 Gafas De Sol AF8083"。从标题可以判断，这款商品既有男士款，也有女士款，商品设计包含经典元素。从商品的详细描述中可找到如下信息：该商品的镜片材料为树脂，镜框材料为塑料，镜片是偏光的，镜框有黑、棕两种颜色，共有 7 款商品。

查看用户评价，如图 2-10 所示。该商品一共有 6 967 条评价，84% 为 5 星评价。浏览 1 星到 3 星评价可以归纳出以下信息：包装太简陋、质量差、颜色不正确及快递速度慢等。

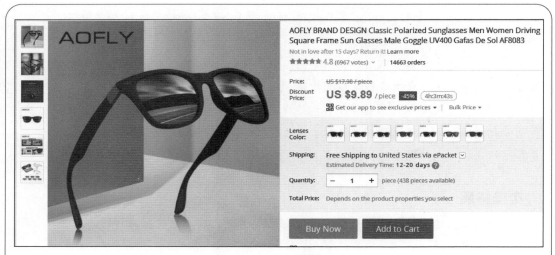

图 2-9　商品详情页

图 2-10　用户评价

（3）寻找空白市场。

从使用对象上看，该款眼镜是针对男士或女士的，那么可不可以开发同样的适合宠物的商品呢？境外消费者喜欢养宠物，购买该款眼镜的人可能会有一个期望，即希望他们的宠物能和自己佩戴同款眼镜。以"pet sunglasses"为关键词在全球速卖通上进行搜索，找到了 1 322 条结果。以"Orders"排列显示，排第一的商品的订单量是 2 387，如图 2-11 所示。由此可以判断该市场竞争相对不激烈。为了确定该市场是否有需求，查看排名第一的商品的交易记录，仅 10 月 30 日与 10 月 31 日两天就卖了 50 件。另外，该商品的镜片形状为正圆形，与前面分析的爆款是不一样的，在宠物眼镜的搜索结果中也没有找到类似的爆款眼镜。因此，以宠物作为使用对象去开发爆款的周边商品，是一个蓝海市场。

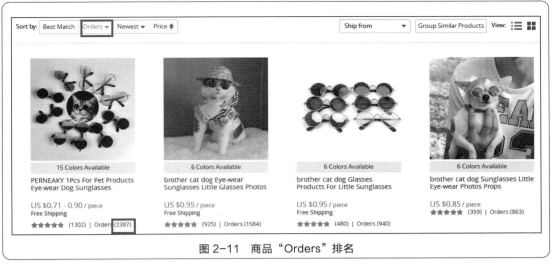

图 2-11　商品"Orders"排名

2．商品趋势分析

（1）以跨境电子商务平台作为搜索平台确定热销商品。进入跨境电子商务平台，输入某个关键词，搜索框就会出现"HOT SEARCHES"（热搜）的关键词，再把这类关键词与第三方数据工具相结合就可以确定热销商品。

（2）浏览境外网站，选择热销商品。例如，通过谷歌搜索境外目标市场的相关行业网站，单击进入热销排行，查看热销商品，需特别关注最新款式的商品。

（3）根据社交媒体热词确定热销商品。跨境电子商务的核心是抓住终端客户，现在市场需求信息最大的聚集地就是社交媒体，如 Facebook 和 Instagram 等。商家应该培养参与境外社交媒体的习惯和兴趣，关注社交媒体的热词，掌握社交媒体中客户谈论最多的款式和品类，通过社交媒体抓住真正的市场风向。

3．商品组合策略

一个商家不可能只出售一种商品，因此商家在选品的时候要有商品组合思维。商品组合策略的运用主要有以下两种方式。

（1）确定店铺的引流款和利润款。引流款即为店铺带来流量的商品，其曝光度高、点击率高，利润一般比较低，不是商家利润的主要来源。建议每间店铺设置 5 件左右的引流款，其利润率期望应该设为 0%～1%。利润款即能为店铺带来利润的商品，这类商品流量不大，但利润高，其预留折扣空间建议设置为 5%～20%。商家采用商品组合策略时需要做好引流款与利润款的关联销售。

（2）捆绑销售。以 Wish 上销售很火爆的运动相机为例，该款运动相机的单价为 10～20美元。部分商家将该款运动相机的配件（包括充电器、支架、镜头等）组合在一起售卖，经过组合一系列低价的配件后，该组合商品的单价达到了 43 美元。但购买该组合商品比单独购买运动相机及其配件优惠，往往能够吸引大量客户，因此售卖这类组合商品的商家通常能赚取可观的利润。

问题思考

请从以下商品中进行选择，并制定商品组合策略。

- 玩具小汽车
- 童装泳衣
- 女士发夹
- 假发
- U盘
- 塑料饭盒
- 运动水杯

4．商品生命周期

商品生命周期（Product Life Cycle，PLC）指商品从投入市场到更新换代和退出市场所经历的全过程，一般分为导入期、成长期、成熟期、衰退期4个阶段，如图2-12所示。

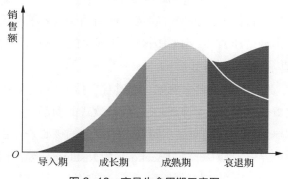

图 2-12　商品生命周期示意图

选品时，商家还需要考虑商品生命周期，建议商家在商品的成长期进入市场。在导入期，由于客户对商品不太了解，因此商品销量低，为了扩展销路，商家需要支付大量的促销费用；而在成熟期和衰退期，商品的销售额增长缓慢甚至转为下降，竞争激烈，利润空间有限。跨境电子商务中正常商品的生命周期为1年，竞争较小的商品的生命周期为2～3年。假设某款商品的生命周期为1年，已经卖了8个月，此时建议不要选择该商品。泳装、凉鞋、圣诞节的圣诞树和灯串这类季节性、节日性较强的商品的生命周期更短，一年的销售旺季只有2～4个月。这意味着商家需要在旺季来临之前进入，大约提前3个月布局。

我们可以通过销售历史、价格趋势和排名趋势来了解商品所处的生命周期。例如，一款商品的价格越来越低，排名也越来越低，销售历史显示其在上一年有交易记录，说明该款商品已步入衰退期了。

✽2.3.2　跨境供应商管理

1．跨境供应商的分类

根据跨境供应商提供的商品和服务在跨境电子商务采购环节的影响程度，以及跨境供应商本身在行业中和市场中竞争力的高低，跨境供应商可以分为以下4类。

（1）战略性供应商。战略性供应商指跨境电子商务企业实现战略发展所必需的供应商。这类供应商提供的商品和服务非常重要，这些商品和服务会对跨境电子商务企业的商品与流程运营产生重大影响，或者会影响跨境电子商务企业满足客户需求的能力。同时，这类供应商具有较强的竞争力，所提供的商品和服务通常针对跨境电子商务企业的具体需求，具有高度的个性化和独特性。

能满足跨境电子商务企业需求的供应商数量相对较少，且这类供应商的转换成本很高，因此，对于跨境电子商务企业而言，适宜的方法是与这类供应商建立长期的战略合作伙伴关系。

（2）有影响力的供应商。有影响力的供应商对于跨境电子商务企业来说通常具有较大的增值作用。这类供应商提供的商品和服务具有较高的增值率，或者这类供应商处于某个行业的较高地位，具有较高的进入门槛。

由于这类供应商的商品通常已有相应的质量和技术标准，对于跨境电子商务企业而言，适宜的做法主要是根据需求形成采购规模和与其签订长期协议。跨境电子商务企业和这类供应商建立合作关系，重点在于降低成本及保证商品和服务的可获得性。

（3）竞争性供应商。竞争性供应商提供的商品和服务具有某一方面技术的专有性和特殊性，难以被替代。但竞争性供应商提供的商品和服务属于低价值的商品和服务，在采购总量中所占的比例相对较低。对于这类供应商，跨境电子商务企业的重点在于使采购这些商品所需的精力最小化，交易过程尽量标准化和简单化，以降低与交易相关的成本等。

（4）普通供应商。普通供应商对于跨境电子商务企业来说具有较低的增值率，其数量众多。普通供应商转换成本低，跨境电子商务企业应该把重点放在价格分析上，即根据市场需求判断并采购最有效的商品。比较适宜的做法是对其施加压力和与其签订短期协议。

2．跨境供应商选择

跨境供应商选择指跨境电子商务企业对现有的跨境供应商和准备发展的跨境供应商进行大致的选择，把不符合标准的跨境供应商排除在外的过程。从狭义上讲，跨境供应商选择是指跨境电子商务企业在研究所有的建议书和报价之后，选出一个或几个跨境供应商的过程。从广义上讲，跨境供应商选择包括跨境电子商务企业从确定需求到最终确定跨境供应商及评价跨境供应商的循环过程。

（1）在大多数跨境电子商务企业中，跨境供应商选择的基本准则是"QCDS"原则，即质量（Quality）、成本（Cost）、交付（Delivery）与服务（Service）相结合的原则。

① 质量原则。在跨境供应商选择的原则中，质量原则是最重要的。在质量方面，主要看质量控制的能力、质量体系稳定的能力。跨境电子商务企业不仅要确认跨境供应商是否具有一套稳定、有效的质量保证体系，还要确认跨境供应商是否具有生产所需特定商品的设备和工艺能力。

② 成本原则。跨境电子商务企业要运用价值工程的方法对所涉及的商品进行成本分析，并通过双赢的价格谈判节约成本。此外，跨境电子商务企业还要从跨境供应商的核算能力、稳定能力看商品是否有降价的趋势。

③ 交付原则。跨境电子商务企业不仅要了解跨境供应商的交付能力，还要了解跨境供应商在意外情况下的紧急供货能力。同时，跨境电子商务企业要了解跨境供应商是否拥有足够的生产能力，是否有充足的人力资源，有没有扩大产能的潜力。

④ 服务原则。跨境供应商的售前、售后服务记录也是非常重要的考虑因素。

在跨境供应商选择的过程中，跨境电子商务企业要对特定的分类市场进行竞争分析，了解谁是市场的领导者，目前市场的发展趋势如何，各大跨境供应商如何在市场中定位，从而对潜在供应商有一个大概的了解。另外，跨境供应商日常生产中测量与控制的能力，以及应急状态下的恢复能力也是需要考量的。跨境电子商务企业还需要关注跨境供应商各种系统的兼容性和安全性。根据这两方面的实际情况，跨境电子商务企业就可以推测出跨境供应商各种简化和优化的能力，即企业所推行的精益生产、价格控制等的准确性。

（2）跨境供应商选择的一般步骤如图 2-13 所示。

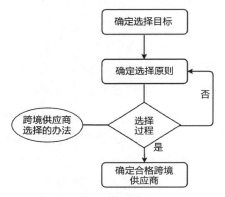

图 2-13　跨境供应商选择的一般步骤

2.3.3　采购决策

1．采购决策的特点

采购决策是指跨境电子商务企业根据经营目标，提出各种采购可行方案，再对可行方案进行评价和比较，按照满意性原则，对可行方案进行选择并加以实施的管理过程。采购决策是跨境电子商务企业决策中的重要组成部分。它具有以下特点。

（1）预测性。预测性指采购决策应对未来的采购工作做出预知和推测，应建立在对市场预测的基础之上。

（2）目的性。目的性指任何采购决策的目的都是达到一定的采购目标。

（3）可行性。可行性指选择的采购决策方案应是切实可行的，否则就会失去决策的意义。

（4）评价性。评价性指通过对各种可行方案进行分析、评价，选择满意方案。

2. 采购决策的作用

跨境电子商务企业在经营活动中面临着大量的决策问题，决策是管理者花费时间和精力最多的工作之一，科学的决策可以使跨境电子商务企业把握正确的经营方向，趋利避害，扬长避短，对于增强跨境电子商务企业的生存和竞争能力具有积极的作用。采购决策除了具有规避风险、增强活力等作用，还可以发挥以下重要作用。

（1）优化采购活动。为了保证跨境电子商务企业实现各项目标，必须优化采购活动，实现采购方式、采购渠道、采购过程的最佳化，实现采购资源的最佳配置。很显然，优化采购活动必须对采购活动涉及的诸多重大问题进行科学的谋划，做出最佳的选择。没有科学的采购决策，就不可能产生理想的采购活动。

（2）实现准时制采购。准时制采购是一种基于供应链管理思想的先进采购管理模式。跨境电子商务企业的准时制采购是指在需要的时候（既不提前，也不延迟），按需要的数量，将企业生产所需要的合格的原材料、外购件或产成品采购回来。只有合理的采购决策，才能使准时制采购成为可能。在商品的规格、质量及相关服务等一定的情况下，准时制采购可降低进价，减少库存，增强跨境电子商务企业的竞争力。

 知识拓展

准时制采购

准时制采购是由准时制生产管理思想演变而来的。准时制采购的基本思想是，将合适的产品，以合适的数量和合适的价格，在合适的时间送达合适的地点。准时制采购和准时制生产一样，不但能够很好地满足客户需要，而且可以极大地消除库存、最大限度地消除浪费，从而极大地降低企业的采购成本和经营成本。

相比传统采购选择较多供应商，合作关系松散、物料质量不易稳定；准时制采购选择较少供应商，合作关系稳固、物料质量较稳定。在供应商评价上，传统采购只评价合同履行能力；准时制采购对合同履行能力、生产设计能力、物料配送能力、产品研发能力等进行综合评价。在交货方式上，传统采购由采购商安排，按合同交货；准时制采购由供应商安排，确保交货的准时性。在到货检查与信息交流上，传统采购每次到货检查信息不对称，易导致暗箱操作；准时制采购质量有保障，无须检查，采供双方高度共享实时信息，易建立信任。在采购批量与运输上，传统采购大批量采购，配送频率低，运输次数相对较少；准时制采购小批量采购，配送频率高，运输次数多。

（3）提升经济效益。采购活动受到诸多因素的影响，这些因素之间存在特定的关系，任何因素处理不好，都可能影响经济效益的提升，而正确处理这些影响因素的前提是做出合理的采购决策。

3. 做出采购决策的方法

做出采购决策的方法有很多，既有定量决策的方法，也有定性决策的方法。这里结合跨境电子商务采购工作的实际情况，介绍两种做出采购决策的方法。

（1）采购人员估计法。采购人员估计法是召集一些采购经验丰富的采购人员，征求他们对某一决策问题的意见，然后将这些意见综合起来，形成决策结果的一种方法。

【例2-1】某跨境电子商务企业计划下月采购儿童玩具车，现需预测儿童玩具车的采购量，特召集甲、乙、丙3名采购人员，征求他们对采购数量的建议。甲、乙、丙3名采购人员的采购预测结果如表2-2所示。要求：根据甲、乙、丙3名采购人员的估计值为下月儿童玩具车的采购量做出决策。

表2-2 采购预测表

采购人员	可采购数量/辆		概率
甲	最高采购量	1 500	0.3
	最可能采购量	1 200	0.5
	最低采购量	1 000	0.2
乙	最高采购量	1 800	0.2
	最可能采购量	1 600	0.4
	最低采购量	1 400	0.4
丙	最高采购量	1 200	0.2
	最可能采购量	1 000	0.5
	最低采购量	800	0.3

第一步，求每一名采购人员的采购期望值。

根据公式 $E=PQ$ 可求得期望值，其中，E 代表期望值，P 代表概率，Q 代表估计值。

甲：$E_1=0.3×1\ 500+0.5×1\ 200+0.2×1\ 000=1\ 250$（辆）

乙：$E_2=0.2×1\ 800+0.4×1\ 600+0.4×1\ 400=1\ 560$（辆）

丙：$E_3=0.2×1\ 200+0.5×1\ 000+0.3×800=980$（辆）

第二步，综合3人意见。

采购量：$(E_1+E_2+E_3)/3=(1\ 250+1\ 560+980)/3≈1\ 263$（辆）

综合3名采购人员的意见，可以预测下月儿童玩具车的采购量约为1 263辆。

（2）期望值决策法。期望值决策法是根据历史资料进行决策，通过计算各方案的期望值，以期望值高的方案作为最优方案的一种方法。

【例2-2】某家生鲜电子商务企业在夏季销售一种水果：每盒进货成本为20元，售价为35元；若当天卖不出，第二天则降价处理，每盒只能卖10元。具体销售情况如表2-3所示。要求根据上年同期销售资料为该企业的进货批量做出采购决策。

表2-3 销售情况

日销量/盒	20	30	40
达成销售的天数/天	27	45	18

第一步，求概率。

日销20盒的概率=27/（27+45+18）=0.3

日销30盒的概率=45/（27+45+18）=0.5

日销40盒的概率=18/（27+45+18）=0.2

第二步，编制决策的收益表。

根据以下公式进行相关计算，结果如表2-4所示。

$$销售总收入=当天售出盒数×售价+未售出盒数×降价处理售价$$

收益值=销售总收入-进货总成本

$$=当天售出盒数×（售价-进货成本）-未售出盒数×（进货成本-降价处理售价）$$

表2-4　收益表

市场销售状态/盒	20	30	40
概率	0.3	0.5	0.2
日进20盒的收益值/元	300	300	300
日进30盒的收益值/元	200	450	450
日进40盒的收益值/元	100	350	600

具体计算过程如下。

日进20盒，市场需要20盒时的收益值=20×（35-20）-0×（20-10）=300（元）

日进20盒，市场需要30盒时的收益值=20×（35-20）-0×（20-10）=300（元）

日进20盒，市场需要40盒时的收益值=20×（35-20）-0×（20-10）=300（元）

日进30盒，市场需要20盒时的收益值=20×（35-20）-10×（20-10）=200（元）

日进30盒，市场需要30盒时的收益值=30×（35-20）-0×（20-10）=450（元）

日进30盒，市场需要40盒时的收益值=30×（35-20）-0×（20-10）=450（元）

日进40盒，市场需要20盒时的收益值=20×（35-20）-20×（20-10）=100（元）

日进40盒，市场需要30盒时的收益值=30×（35-20）-10×（20-10）=350（元）

日进40盒，市场需要40盒时的收益值=40×（35-20）-0×（20-10）=600（元）

第三步，求期望值。

日进20盒的期望值 E_1=0.3×300+0.5×300+0.2×300=300（元）

日进30盒的期望值 E_2=0.3×200+0.5×450+0.2×450=375（元）

日进40盒的期望值 E_3=0.3×100+0.5×350+0.2×600=325（元）

第四步，做出决策，选择最佳采购方案。

$Max\{E_1,E_2,E_3\}=E_2$=375（元）

因此，日进30盒为最佳采购方案。

📖案例拓展

某公司准备进口一种新商品，根据国内市场以往同类商品的销售情况，具有销售差、销路一般及销售好3种销售状态，相应概率分别是0.4、0.55、0.05。如果进口这种商品并将其投入市场，在 3 种状态销售下的相应结果是，亏损 80 万元、盈利 50 万元、盈利 200 万元。也可以不进口这种商品，这样公司既不亏损也不盈利。

【思考】如何帮助该公司使用期望值决策法进行决策？

2.4 跨境电子商务采购的成本控制

跨境电子商务企业应对采购环节中的诸要素进行科学的规范和有效的管理，通过确定最优"性价比"来做出采购决策，实现减少采购支出、提高采购效率、扩展利润空间、提升经济效益的目的。

❋ 2.4.1 跨境电子商务采购成本的概念

跨境电子商务采购成本指与跨境电子商务采购有关的商品买价、采购管理成本、采购计划制订人员的管理费用、采购人员的管理费用等。

跨境电子商务采购成本包含的具体费用如下所述。

1．商品买价

商品买价即商品的买入价格。好的商品或者品类会让商品运营变得简单，具有特色优势、回购率高的商品更容易达到好的经营效果。

2．平台费用或自建网站费用

在跨境电子商务中，搭建渠道尤为重要，而且需要一笔不小的费用。跨境电子商务企业可以考虑入驻第三方平台或者自建网站。

（1）平台费用。平台费用一般包含入驻费用、成交费用及在平台内的推广费用等。

（2）自建网站费用。自建网站可以更好地推广品牌，在页面内容与功能设置方面也更具灵活性，但是自建网站的设计、建设、维护等需要较多的费用，且后期的推广需要持续投入。

3．外币结汇费用

跨境电子商务业务一般是以外币，如美元、英镑、欧元等进行结算的，因此，在核算成本时需要将外币结算支付的费用考虑进去。

4．物流费用

物流方面同样需要投入，不管是海外仓发货还是直发包裹，一定要保证交易成功之后，客户能在最短的时间内拿到货物。

5．人员成本

人员成本指采购的人工费用。跨境电子商务企业在制订人员计划时，要将人员的现有薪资及薪资的涨幅、福利与办公环境等费用计入人员成本。

6．引流成本

（1）站内流量。入驻跨境电子商务平台后，跨境电子商务企业可以通过购买站内推广服务，来达到店铺引流的目的。这种方式一般见效快，获取的流量也较多。

（2）站外流量。当站内流量到达极限以后，跨境电子商务企业可以进行站外引流，即在第三方平台为自己的商品做推广。

下面从 ABC 分类法、经济订货批量法、按需订货法、定量采购控制法和定期采购控制法等方面介绍跨境电子商务采购的成本控制。

❋ 2.4.2　ABC 分类法

1．ABC 分类法的定义

ABC 分类法是指将采购库存的所有物资按照全年货币价值从大到小排序，然后将其划分为 3 类，分别是 A 类、B 类和 C 类物资。A 类物资价值最高，受到高度重视；处于中间的 B 类物资受重视程度稍差；C 类物资价值低，仅需对其进行例行控制管理。我们利用 ABC 分类法可以更好地预测采购量，降低对供应商的依赖度，减少库存投资。

2．ABC 分类法的划分标准

ABC 分类法的划分标准及各级物资在总消耗金额中应占的比例没有统一的规定，企业应根据各仓库库存品种的具体情况和企业经营者的意图来决定。根据众多企业运用 ABC 分类法的经验，各种物资一般可按其在总消耗金额中所占的比例来划分级别，具体标准如表 2-5 所示，示意图如图 2-14 所示。

表 2-5　ABC 分类法的级别划分标准

级别	占总消耗金额的比例/%	占总品种数的比例/%
A	60～80	10～20
B	15～40	20～30
C	5～15	50～70

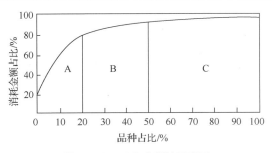

图 2-14　ABC 分类法示意图

3．ABC 分类法的运用步骤

（1）计算各种物资在一定时期的消耗金额。某一物资在一定时期的消耗金额的计算公式为：

$$消耗金额=单价×消耗数量$$

（2）按照消耗金额的多少顺序排出品种序列。消耗金额最多的物资排在第一位，其他物资依次排列，然后计算各种物资的消耗金额占总消耗金额的百分比。

（3）按消耗金额大小的品种序列计算消耗金额的累计百分比。占总消耗金额累计70%左右的各种物资为A类物资，占余下20%左右的物资为B类物资，除此之外的物资为C类物资。

┃ 问题思考 ┃

某跨境电子商务企业的商品销售情况如表2-6所示，请使用ABC分类法对其商品进行分类。

表2-6　某跨境电子商务企业的商品销售情况

商品名称	月需求量/件	单价/元	分类
护眼灯	2 145	60	
背夹式台灯	1 452	55	
手电筒	1 541	10	
驱蚊灯	120	80	
应急灯	366	77	
便携式照明灯	254	70	
头灯	1 454	10	
迷你手拿灯	177	10	

4．ABC分类法的基本法则

ABC分类法的基本法则如表2-7所示。

表2-7　ABC分类法的基本法则

基本法则	具体内容
控制程度	（1）对A类物资应尽可能严加控制，包括完备、准确的记录，最高层监督的经常性评审，从供应商处按订单频繁交货等。 （2）对B类物资进行正常控制，包括良好的记录、常规的关注等。 （3）对C类物资应进行最简便的控制，如定期目视检查库存实物，简化记录，采用大库存量与订货量以避免缺货，安排车间日程计划时给予低优先级等
采购记录	（1）对A类物资要进行准确、完整与详细的记录，要频繁或实时地更新记录。对事务文件、报废损失、收货与发货的严密控制是不能缺少的。 （2）对B类物资进行正常的记录处理、成批更新等。 （3）对C类物资的记录流程进行简化，成批更新
优先级	（1）对A类物资给予高优先级，要压缩其提前期并减少库存。 （2）对B类物资进行正常的处理，仅在关键时给予高优先级。 （3）对C类物资给予低优先级
订货过程	（1）对于A类物资，提供详细、准确的订货量。 （2）对于B类物资，在每季度或发生主要变化时进行一次经济订货批量与订货点计算。 （3）对于C类物资，不要求做经济订货批量或订货点计算，存货还相当多时就按上一年的供应量进行订货

✹2.4.3 经济订货批量法

1. 经济订货批量法的定义

经济订货批量（Economic Order Quantity，EOQ）法是按照使订单处理成本和存货成本之和最小时的每次订货数量（按单位数计算）进行订货的一种方法，其示意图如图2-15所示。订单处理成本包括使用计算机的时间成本、处理订货表格的时间成本、新到商品的处置费用等。存货成本包括仓储成本、存货投资成本、保险费、税收、货物变质及失窃造成的损失等。无论订单大小，都可采用经济订货批量法。订单处理成本随每次订货数量的增加而下降，而存货成本随每次订货数量的增加而增加（因为有更多的商品必须作为存货进行保管，其平均保管时间也更长）。这两种成本加起来即可得到总成本曲线。

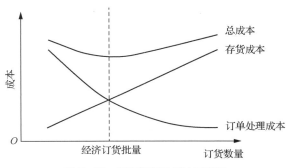

图 2-15　经济订货批量法示意图

因为需求、价格、数量、折扣及订单处理成本和存货成本等经常发生变化，所以我们必须经常修订EOQ。

2. 经济订货批量计算

企业在采购时所使用的经济订货批量非常关键。采购人员应掌握经济订货批量的计算公式，以得到更加合理的经济订货批量。

一般来说，经济订货批量的计算公式为：

$$EOQ = \sqrt{\frac{2 \times 一定时期的需求量 \times 单次订货成本}{库存管理费率 \times 商品的成本}}$$

用数学公式表示为：

$$EOQ = \sqrt{\frac{2DS}{IC}}$$

式中，EOQ为每次的订货数量，以数量计；D为一定时期的需求量，以数量计；S为单次订货成本，以金额计；I为库存管理费率，即一定时期存货成本占单位成本的百分比；C为商品的成本，以金额计。

【例2-3】某全球速卖通店铺估计每季度能销售15 000套电动工具。每套电动工具的成本为900元。每套电动工具的损坏、保险费、呆账及失窃等费用是其成本的10%，即90元。单位订货成本为250元，计算其经济订货批量。

解：

$$经济订货批量 = \sqrt{\frac{2 \times 15\,000 \times 250}{0.1 \times 900}} \approx 288（套）$$

▍问题思考▍

（1）某 Wish 店铺每月销售水晶发夹 5 000 个。每个发夹的采购价格为 1 元，每个发夹的月平均保管费用为 0.1 元。单位订货成本为 100 元，那么该水晶发夹的经济订货批量是多少？

（2）某跨境电子商务企业每月以每单位 30 元的价格采购 6 000 个单位的某商品，处理订单和组织送货要 125 元的费用，每单位商品的存储成本为 6 元，请问这种商品的经济订货批量是多少？

3．经济订货批量法的适用范围

经济订货批量法的适用范围如下。

（1）企业需要采购的商品是成批的，且可以通过采购或制造得到补充，但不是连续生产出来的。

（2）企业需要采购的商品的销售或使用速率是均匀的，而且同该商品的正常生产速率相比较低，因而产生显著数量的库存。

✸ 2.4.4　按需订货法

1．按需订货法的定义

按需订货法是一种订货技术，是指生成的计划订单在数量上等于每个时间段的净需求量，从而有效避免采购过多或采购不足导致采购成本增加的一种方法。

2．按需订货量的计算公式

按需订货量（即净需求量）的计算公式为：

按需订货量=订单需求量-（现有库存量+在途采购量）

例如，阿里巴巴国际站的某家经营小商品的店铺的订单需求情况如表 2-8 所示。

表 2-8　某店铺的订单需求情况

订单名称	商品名称	需求量/个	下单时间	交货时间
ES2345	手机支架	1 000	1 月 1 日	1 月 10 日
ES2424	手机膜	500	1 月 1 日	1 月 10 日
QA2134	毛绒挂件	2 000	1 月 1 日	1 月 10 日
QW2313	指尖陀螺	4 000	1 月 1 日	1 月 10 日

该店铺没有生产线，因此所有商品需要外购。目前，相关商品的现有库存量为：手机支架 2 000 个、手机膜 200 个，毛绒挂件 2 300 个，指尖陀螺 200 个。在途采购量均为 0 个。各商品的净需求量计算如下。

（1）手机支架的净需求量。

ES2345 订单需求量（1 000 个）-[现有库存量（2 000 个）+在途采购量（0 个）]=-1 000（个）

因此，没有必要采购手机支架。

（2）手机膜的净需求量。

ES2424 订单需求量（500 个）-[现有库存量（200 个）+在途采购量（0 个）]=300（个）

因此，手机膜的净需求量是 300 个。

（3）毛绒挂件的净需求量。

QA2134 订单需求量（2 000 个）-[现有库存量（2 300 个）+在途采购量（0 个）]=-300（个）

因此，没有必要采购毛绒挂件。

（4）指尖陀螺的净需求量。

QW2313 订单需求量（4 000 个）-[现有库存量（200 个）+在途采购量（0 个）]=3 800（个）

因此，指尖陀螺的净需求量是 3 800 个。

在实际操作中，订单每时每刻都在增加，采购需求也在不断变化。实施按需订货是应对复杂情况的一种比较科学的方式。

3．按需订货的前提

为了保证数据的准确性，企业实施按需订货需要具备以下两个前提。

（1）库存数据必须准确。采购需求是订单总需求与库存需求的差值。总需求数据是来自订单的直接数据，而库存数据来自企业仓储内部。库存数据的准确性不高是目前大多数企业的一个弱点。利用良好的仓库管理技术，可以保证库存数据的准确性。

（2）确定采购阶段。按需订货必须确定采购阶段，也就是使用采购周期合并法。

阿里巴巴国际站的某店铺的订单需求情况如表 2-9 所示。

表 2-9 某店铺的订单需求情况

订单名称	商品名称	需求量/个	下单时间	交货时间
ES2343	手机支架	1 000	1 月 9 日	1 月 19 日
ES2346	手机支架	8 000	1 月 10 日	1 月 20 日
RT4356	手机支架	500	1 月 10 日	1 月 20 日
RT4345	手机膜	3 000	1 月 12 日	1 月 22 日
YT7654	手机膜	2 000	1 月 18 日	1 月 28 日
YT5643	手机膜	4 000	1 月 20 日	1 月 30 日

为了减少运输量，企业一般会根据实际情况确定一段时间为采购周期。如在表 2-9 中，阿里巴巴国际站的某店铺的采购周期为 3 天，因此，1 月 9 日和 1 月 10 日的采购订单可以合并到 1 月 10 日完成，即：

在 1 月 10 日，手机支架的订单需求量=ES2343 订单需求量（1 000 个）+ES2346 订单需求量（8 000 个）+RT4356 订单需求量（500 个）=9 500（个）。

在 1 月 12 日，手机膜的订单需求量=RT4345 订单需求量（3 000 个）=3 000（个）。

在 1 月 20 日，手机膜的订单需求量=YT7654 订单需求量（2 000 个）+YT5643 订单需求量（4 000 个）=6 000（个）。

2.4.5 定量采购控制法

1．定量采购控制法的定义

定量采购控制法指当库存量下降到预定的最低库存量（订货点）时，按规定数量（一般以 EOQ 为标准）进行采购的一种采购成本控制法。定量采购控制法常用于零售企业。

2．定量采购控制法的优点

（1）掌握商品库存状况。由于每次订货之前都要详细检查和盘点库存（看是否降低到订货点），因此企业能及时了解和掌握商品库存状况。因为每次订货数量是固定的，是预先确定好的经济批量，所以该方法操作简便。

（2）保证流动资金。由于企业定量采购商品，因此不会一次性积压太多的资金，从而保证了现金流的畅通。

3．定量采购控制法的缺点

（1）占用库存。企业需要经常对商品进行检查和盘点，工作量大且需花费大量时间，从而增加了存货成本。

（2）运输成本高。该方法要求企业对每个品种单独进行订货作业，这样会增加企业的订货成本和运输成本。定量采购控制法适用于品种少且占用资金大的商品。

2.4.6 定期采购控制法

1．定期采购控制法的定义

定期采购控制法指按预先确定的订货间隔进行采购的一种方法。企业根据过去的经验或经营目标预先确定一个订货间隔期。每经过一个订货间隔期就进行订货，每次订货数量都不同。在定期采购控制法下，库存只在特定的时间进行盘点，如每周一次或每月一次等。零售企业常采用此种方法。

2．定期采购控制法下的采购量

在定期采购控制法下，不同时期的采购量不尽相同。这时，采购量主要取决于各种商品在各个时期的使用率。定期采购一般比定量采购要求更高的安全库存水平。定量采购是对库存进行连续盘点，一旦库存水平达到订货点，立即进行采购。标准的定期采购是仅在盘点期进行库存盘点。这就有可能在刚订完货后出现由于大批量的需求而使库存水平降至零的情况，而这种情况只有在下一个盘点期才会被发现，新的订货需要一段时间才能到达。这样一来，商品有可能在整个盘点期和提前期发生缺货。因此，安全库存应当保证商品在盘点期和提前期内不发生缺货。

一般来说，应用定期采购控制法采购的采购量计算公式为：

采购量=日平均需求量×（订货提前期+订货间隔周期）+安全库存-当前库存

例如，阿里巴巴国际站某家经营服装的店铺的销售情况如表2-10所示。因部分连衣裙销售状况良好，现需采购一批连衣裙，根据店铺采购管理规定，采用定期采购法进行采购（注：店铺目前无在途货运量和进行中销售订单），订货提前期为3日，订货间隔周期为30天，采购价格需为销售定价的45%。

表2-10 某店铺连衣裙的销售与库存情况

序号	名称	规格	平均日销量/件	销售单价/元	安全库存/件	库存量/件
1	艾依唇语连衣裙	粉色/S	6	256	15	300
2		粉色/M	11	256	15	143
3	艾依春意连衣裙	绿色/S	5	256	15	322
4		绿色/M	5	256	15	376
5	艾依天生丽质连衣裙	黑色/S	7	298	15	300
6		黑色/M	12	298	15	212
7		黑色/L	6	298	15	300
8		黑色/XL	3	298	15	312
9		白色/S	8	298	15	300
10		白色/M	15	298	15	176
11		白色/L	8	298	15	376
12		红色/L	4	298	15	348
13		红色/XL	5	298	15	300
14		灰色/S	12	298	15	231
15		灰色/XL	15	298	15	123

下面以艾依唇语连衣裙为例，说明该款连衣裙的采购计划。

商品1艾依唇语连衣裙粉色S码：采购量=6×（30+3）+15-300=-87（件），此次不需要采购。

商品2艾依唇语连衣裙粉色M码：采购量=11×（30+3）+15-143=235（件），此次需采购235件。

3. 定期采购控制法的优点

（1）控制库存。只要订货间隔期控制得当，既可以不发生缺货，又可以控制最高库存量，从而达到控制成本的目的，降低采购成本。

（2）降低运输成本。由于订货间隔期确定，因此多种商品可同时进行采购。这样不仅可以降低订单处理成本，还可以降低运输成本。

（3）节省盘点费用。使用这种方法不需要经常盘点库存，可节省相应的费用。

4. 定期采购控制法的缺点

（1）不能掌握库存动态。由于不经常检查和盘点库存，因此不能及时掌握商品的库存动态，遇到突发性商品需求时，就容易出现缺货现象，造成损失。因此，企业为了应对订货间隔期内的突然变动，往往保持较高的库存水平。

（2）耗用流动资金。一旦采购了品种数量少、占用资金多的商品，企业的流动资金就会变得紧张。

 行业观察

中国文化走出国门，如何靠中国思维为跨境电子商务选品？

任何一种文化的发展都离不开与其他文化的交流互动，离不开对其他文化的借鉴吸收。"扩大文化领域对外开放，积极吸收借鉴国外优秀文化成果"，在经济全球化的背景下是必然之举。

凭借着国家的大力支持，方便快捷的跨境运输让越来越多的"中国制造"坐上了专列，走出了国门。在这些出口的商品中，不管是工业制造方面的小汽车、家电，还是食品制造方面的老干妈等特色美食，都受到了很多外国友人的青睐。

2021年，一款具有生津解渴、提神醒脑、去腻消食等多种功效的茶叶——信阳毛尖，坐上了国际专列，走出家乡，去往乌兹别克斯坦塔什干，为那里的人们带来不一样的中国味道，让他们感受源远流长的中国"茶文化"。以茶会友，可以让世界感受中国文化的魅力。

中国文化在跨境电子商务中美名远播，相关商品的境外销量也在持续增长。父亲节起源于美国，在世界各地广泛流传。令人意外的是，我们熟知的拔罐器、艾灸盒、刮痧板等"养生器具"竟成了外国人送父亲的热门礼物。在父亲节期间，某跨境电子商务平台成交数据显示，刮痧用具的境外销量增长130%，针灸用品的境外销量增长超过200%。

随着近年来中国"文化出海"潮的兴起，"中华养生"也已成为我国"文化输出"的一部分。境外消费者通过跨境电子商务满足了他们对"中华养生"的需求。除了拔罐器、刮痧板等中国传统的养生器具外，技术含量更高的助听器、血糖仪和中式理疗仪也都是跨境电子商务平台中的抢手货。

有着中国深厚文化沉淀的产品——榫卯积木，也在境外市场表现良好。2020年，一条中国木匠的视频曾被4 000多万名外国网友观看，网友称之为当之无愧的"鲁班在世"。榫卯结构代表了中国传统木工艺之美，集传统力学、数学、美学和哲学之大成，令境外用户为之着迷。当榫卯被研发成玩具后，榫卯积木就被打上了"中国版乐高"的标签，榫卯结构在境外火速"出圈"。广州一家进出口公司的经理表示，近两年，"宅经济"促使玩具询单量暴增，而榫卯积木的询单量更是增长数倍。

中国文化正以它的独特魅力和博大精深得到许多国家民众的关注与喜爱。将中国文化的核心价值传递出去，是我们这一代中国人的历史使命。

【拓展讨论】请搜集资料，全面了解中国文化的对外传播，并谈一谈你的感受。

测试与思考

1. 简答题

（1）跨境电子商务采购的流程是什么？

（2）跨境供应商有哪些类型？

（3）跨境供应商选择的原则有哪些？

（4）跨境供应商选择的一般步骤是什么？

（5）定量采购控制法的优缺点分别是什么？

2. 单选题

（1）下列属于影响跨境供应商选择的因素有（　　　）。

    A. 业务结构与生产能力　　　　　　B. 企业的地理位置

    C. 企业文化　　　　　　　　　　　D. 企业的员工数量

（2）（　　　）指对本企业具有较大的增值作用，但竞争性比较弱的供应商。

    A. 战略性供应商　　　　　　　　　B. 有影响力的供应商

    C. 竞争性供应商　　　　　　　　　D. 普通供应商

（3）（　　　）是从"最末端包抄"的采购模式。

    A. 经销商采购　　　　　　　　　　B. 品牌授权代理

    C. 散买集货　　　　　　　　　　　D. 分销平台采购

（4）下列不属于定期采购控制法的优点的是（　　　）。

    A. 控制库存　　　　　　　　　　　B. 降低运输成本

    C. 节省盘点费用　　　　　　　　　D. 掌握库存量

（5）在 ABC 分类法中，A 类物资在总金额中占（　　　）。

    A. 60%～80%　　　　　　　　　　B. 10%～15%

    C. 5%～10%　　　　　　　　　　　D. 5%以下

3. 案例分析题

Hold Peak 是一家仪器仪表生产和销售型企业，至今已有 20 多年的历史。该企业从前接到的订单大多为来自欧美经销商的大额订单，而近年来，随着欧美跨境电子商务市场的逐渐成熟，欧美经销商数量在逐渐下降。很多欧美小客户直接绕过经销商，找到 Hold Peak 采购；原来较大的经销商的采购量也逐渐减少，订单呈现碎片化趋势，因此 Hold Peak 在 2015 年拓展了跨境电子商务渠道。到目前为止，Hold Peak 跨境电子商务渠道的销售额占销售总额的 1/3。

区别于传统外贸的下单生产，Hold Peak 的跨境电子商务则是以备货销售模式为主。在转型过程中，Hold Peak 在备货问题上遇到了瓶颈。以前，在 B2B 客户下单后，Hold Peak 才生产，如下单 1 000 台，Hold Peak 基本上也就生产 1 000 台，最多可能会留一些余货。但针对跨境电子商务，Hold Peak 必须要备货销售，但是"备什么类型的货？""备多少货？""货备在境内还是境外？"成了 Hold Peak 面临的首要问题。货如果备在境内，则从境内发货，其物流周期就会比较长，根本没有竞争力；如果备在境外，则风险过高，对于滞销的货物，像亚马逊这样的跨境电子商务平台要收取高额的长期仓储费；如果店铺遇到问题被迫关闭，就会钱货两空。

Hold Peak 针对备货问题，制订了一套解决方案——新品上市初期发较少的量试货，如果销售状况好就空运补货，同时，后期海运的补货也及时跟进。在备货的位置上，Hold Peak 选择在境内工厂备一部分货，然后在境外与第三方海外仓合作，将货放进海外仓，根据销售情况再分批将货放进 FBA 仓。

【问题】

（1）Hold Peak 在备货过程中存在哪些问题？

（2）Hold Peak 的解决方案是什么？

（3）结合案例，总结针对跨境电子商务，商家在采购和备货方面有哪些注意事项。

4．计算题

"沃德"大型综合连锁超市专门向某奶粉供应商采购优质奶粉。历年资料显示，奶粉一年可销售 2 500 千克，每千克奶粉的采购价格为 32 元，每次采购费用约为 170 元，商品的年储存费率约为 15%。

问：每次进多少数量最合适？

第 3 章

跨境电子商务仓储

本章导入

跨境电子商务仓库里的秘密

物流是跨境电子商务行业面临的痛点，尤其是旺季时期的物流是最为棘手的难题。有业内人士曾表示，当前能最大限度地缓解旺季时期的物流状况的方法就在于一个"早"字。于是，跨境电子商务企业在旺季时期的备货越来越早，仓库人员的配备培训越来越早，海外仓的商品也更早地发出去了。

提前准备能在一定程度上缓解跨境电子商务在旺季时期的物流难题，但与此同时也有新的难题出现。跨境电子商务商品往往具有很多属性，拣货人员无法及时、准确地拣货，尤其是新员工因为对商品不熟悉，经常拣货出错，需要反复核对，耗费大量人力和时间，严重影响发货效率。每逢节日促销季，短时间内订单量暴增，人工操作速率无法满足发货的时效要求，且易"忙中出错"，给跨境电子商务企业带来更多的售后问题。

与此同时，随着跨境电子商务交易的增加，企业对仓库的需求也越来越大，但就当前的情况来看，许多跨境电子商务企业对现有仓库的利用并不充分，浪费了大量的空间资源，甚至花费了很多的资金去扩展新仓库。

思考：1. 跨境电子商务仓储管理的含义是什么？
　　　2. 跨境电子商务仓储与传统的仓储有什么区别和联系？

小节内容	职业能力目标	知识要求	素养目标
3.1 跨境电子商务仓储概述	能准确理解跨境电子商务仓储的概念	1. 掌握跨境电子商务仓储管理的概念 2. 掌握仓储在跨境电子商务中的团队协作和目标优化	1. 提升劳动情怀，培养不断追求卓越、精益求精的工匠精神 2. 提升服务国家、服务人民的社会责任感，形成爱岗敬业的担当意识 3. 能够与他人协同完成工作，对他人公正、宽容
3.2 跨境电子商务仓储管理的操作方法	能清楚掌握跨境电子商务的仓储管理	1. 熟悉智能仓储技术 2. 熟悉仓储管理流程 3. 了解仓储管理的方法和原则 4. 掌握仓储量化指标	
3.3 跨境电子商务物流包装	能掌握跨境电子商务物流包装的要点	1. 了解包装概述及包装的分类 2. 掌握跨境电子商务物流包装合理化的要点 3. 掌握跨境电子商务物流包装的技巧	
3.4 跨境电子商务供应链管理系统	能够明确跨境电子商务供应链管理系统的概念和应用	熟悉各种跨境电子商务供应链管理系统的概念和应用	

知识与技能

3.1 跨境电子商务仓储概述

✵ 3.1.1 跨境电子商务仓储管理的概念

　　仓储管理也叫仓库管理（Warehouse Management，WM），指对仓储及相关作业进行的计划、组织、协调与控制。仓储管理的目的是保证仓储物品完好无损，确保生产经营活动能正常进行，并在此基础上对各类物品的状况进行分类记录，以明确的图表方式展示仓储物品在数量、品质方面的状况，以及其所在的地理位置、部门、订单归属和仓储分散程度等情况的综合管理形式。仓储管理的流程如图 3-1 所示。

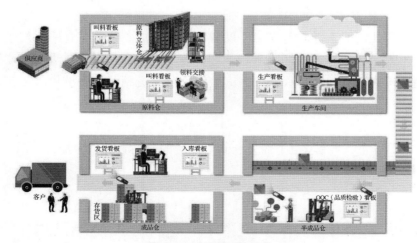

图 3-1　仓储管理的流程

跨境电子商务仓储管理则是在跨境电子商务过程中考虑对仓储物品的收发、结存等活动的有效控制，以期达到仓储管理的目的。

📖**案例拓展**

鲸仓——高密度、低成本的智能仓

从仓储环节来看，传统的仓储方式效率低、成本高，且人工操作出错率高。这与跨境电子商务未来发展的方向相悖，所以高密度、低成本的智能仓——鲸仓应运而生。

鲸仓的原理是驱动物品向拣选面流转，当订单中的物品到达拣选口时，系统会自动识别，此时设备会自动停止运转并亮黄灯进行提示。当黄灯亮时，拣货人员即可到相应的货位上拣货。这类似于回转式货架，不过是矩形回转而非圆形回转，且支持边进边出，更适合多 SKU、海量订单并发的电商仓场景。

鲸仓可以通过增加仓库的利用率，将占比达 50% 的房租成本压缩到 10%，产生 40% 的降本效益。鲸仓解决方案的核心是利用高空及通道空间，提高仓库的库容率，同样是 1 000 平方米的仓库，其储存密度可以达到过去的 8 倍。

跨境电子商务客户只需要按照服务结果（订单）来付费。鲸仓的定位更像第三方托管仓，买家用租金换取鲸仓设备。例如，某个商家有 10 000 平方米的仓库需求，会产生每月约 30 万元的仓库租金预算，商家需要做的是把这 30 万元的仓库租金预算交给鲸仓，而鲸仓将会为商家定制一个具备同样储存能力的自动仓。

目前，各大型跨境电子商务企业（如浩方集团、环球易购、唯品会等）都已先行一步与鲸仓建立了深度的合作，效果显著。

【思考】请搜集资料，了解其他形式的智能仓。

✲ 3.1.2 仓储在跨境电子商务中的团队协作

1. 仓储在供应链中的作用

供应链是物流领域的重要概念之一，仓储则是供应链中必不可少的环节。一般来说，仓储在供应链中的作用包括销售和生产的后援、运输的驿站、库存的校准点、物品的保管场所。下面进行具体说明。

（1）销售和生产的后援。仓储是销售的后方支持部门，对促进生产效率的提高起着重要的辅助作用。

（2）运输的驿站。运输是点对点的运动。仓库是物流运输路线中的点。

（3）库存的校准点。企业日常会不断发生销售、退换货等情况，商品的进出频率非常大，库存也在随时发生变化。财务做账需要一个校准点，而仓储状况就是很好的校准点。

（4）物品的保管场所。仓储承担的是物品的保管工作。保管是一项精细的工作。仓储管理做到位对企业形象的改善有着积极的作用。

2. 跨境电子商务仓储为销售部门提供服务

跨境电子商务仓储主要为销售部门提供服务。提高其服务质量可以采用以下 5 种措施："7R"交货服务、信息及时准确完整、确保装卸品质、及时给予退换货、热情友好的咨询服务。下面进行具体说明。

（1）"7R"交货服务。R（Right）的意思是交货服务要达到合适的基本要求。具体来说，"7R"包括以下内容。

① 合适的商品（Right Production）指客户需要的商品。

② 正确的地点（Right Place）指送货要送对地方。

③ 低廉的价格（Right Price）指装卸费、搬运费等物流费用要能得到控制。

④ 服务的思想（Right Service）指为销售、生产、财务、采购等各方面提供较好的服务。

⑤ 稳定的质量（Right Quality）指仓储工作质量（包括装卸质量，盘点的质量，日常的报表、登账、做账的准确度和及时性等）。

⑥ 正确的数量（Right Quantity）指交付需要的数量，不多发或少发。

⑦ 最短的时间（Right Time）指速度快。

（2）信息及时准确完整。信息的反馈要做到 6 个字，即"及时、准确、完整"。这 6 个字缺一不可，以保证信息反馈、沟通不出问题。

（3）确保装卸品质。跨境电子商务仓储要明确装卸的注意事项，确保装卸品质，严格禁止粗暴装卸。

（4）及时给予退换货。对于涉及退换货的商品，仓储部门要及时对其进行处理，否则会对销售产生很大的负面影响，更会影响客户的满意度。

（5）热情友好的咨询服务。对其他部门提出的库存量的查询等问题，仓储部门要提供热情友好的咨询服务。仓储部门是一个服务机构，并不是简单的后勤机构。

🞴 3.1.3　仓储在跨境电子商务中的目标优化

1. 以时间抢空间

速度反映时间，速度越快，用的时间越少；速度越慢，用的时间越多。空间指的是仓库空间，仓储入库、出库的速度越快，所需要的仓库空间越小，说明商品没有乱堆乱放，及时处理了呆料、旧料、废料、边角料，仓库管理得越好。"以时间抢空间"指仓储的作业速度越快，需要的仓库空间就越小；仓储的作业速度越慢，需要的仓库空间就越大。

仓储管理的目标就是对仓储商品的收发、保管、包装、流通加工、信息反馈进行有效和有序的控制，以及保证商品的数量和质量。

 知识拓展

零库存是仓储管理的最高境界。零库存是一种特殊的库存概念，指物料（包括原材料、半成品和产成品等）在采购、生产、销售、配送等一个或几个经营环节中，不以仓库储存的形式存在，而是处于周转的状态。它并不是指以仓库储存形式的某种或某些物品的储存数量为零，而是通过实施特定的库存控制策略，实现库存量的最小化。

📖案例拓展

1688 跨境专供助力"消灭库存"

1688 作为小企业国内贸易电子商务平台，为全球数千万的买家和供应商提供了商机信息与便捷安全的在线交易。1688 针对全球化及跨境电子商务快速发展的态势，专门成立了跨境专供频道。1688 把中国传统产业带供应链聚集地的商品，从线下的聚合逐渐变成线上的沉淀，形成数字化供应链。借助于数字化供应链，1688 和全球速卖通进一步加深合作。1688 跨境专供频道推出的"橙风计划"把中国商品供应链和商家选品更好地结合了起来。

1688 在数据上和全球速卖通互通。1688 和菜鸟网络、全球速卖通构建跨境电子商务物流供应链，使 1688 的货物直接铺到全球速卖通，减少了商家在全球速卖通上的操作步骤，助力全球速卖通商家实现零库存管理。

跨境宝是 1688 为跨境专供频道采购的买家量身定制的一款支付金融产品，它可以在交易过程中支持跨境电子商务买家进行境外外币付款，境内买家在 1688 平台上用人民币下单采购即可，从而实现跨境电子商务结汇透明化提升采购效率。

1688 是一个数字商行，百万个中国供应链商家的工厂正在把几亿件商品进行数字化，并不断更新。这是 1688 和全球速卖通合作的基础，也是 1688 成为全球速卖通的有力助手的重要体现。

【思考】1688 的零库存方式有哪些优缺点？

2．多快好省

"多快好省"的仓储管理目标主要包括 4 个方面：多储存，快进货、快出货，保管好，省费用。下面进行具体说明。

（1）多储存。仓储管理要达到的目标是增大单位面积的储存量。物资整齐可以提高空间的利用率。

（2）快进货、快出货。快进货要求接运、验收及入库的速度快，确认放货的地点、空间，安排好卸货人员，检查要使用的工具，物资一到立即卸货。快出货要求备货、出库、托运的速度快，单证交接齐全并认真核实，签字须慎重；如果物资的价值特别高，则最好投保。

（3）保管好。在保管期内，不仅要保证物资质量完好，还要保证物资数量准确。

（4）省费用。在确保物资质量和数量的同时，要注意节省费用。

3．堆码的"12 字方针"

仓库中的物资堆码要讲究"12 字方针"。"12 字方针"指合理、牢固、定量、整齐、节约、方便。下面进行具体说明。

（1）合理。合理指分区堆码，大不压小，重不压轻。分区堆码要求各类物资固定堆码在不同的地方，提高装卸速度和运作效率。堆码时，要注意大物件放下面，小物件放上面；重的物件放下面，轻的物件放上面。

（2）牢固。牢固要求物资堆码时不偏不倚、不歪不倒、稳固。

（3）定量。定量要求每层物资重量应该相同，整箱货归整放置，零散货放到零散的地方，整箱货跟零散货不要混放。发货时，基本原则是先发零散货、后拆整箱货。

（4）整齐。一个好的仓库应该仓容整洁，纵看成列，横看成行。如果物资不固定，没有货架，就很容易影响发货速度。

（5）节约。节约要求一次性堆码成形，不重复劳动。

（6）方便。装卸、搬运、验货、盘点等仓储作业的原则是方便，事前考虑好，减少多余的动作，以便后续工作的开展。

3.2 跨境电子商务仓储管理的操作方法

如何尽可能做到效率最大化？如何让管理更高效？这是一门很精深的功课。本节从智能仓储技术、仓储管理流程、仓储管理的方法和原则、仓储量化指标来介绍跨境电子商务仓储管理的操作方法。

✳ 3.2.1 智能仓储技术

大数据、云计算、物联网、人工智能等技术可以对物流各环节进行信息化、高效率的管理，可提高运输、配送效率，减少损耗，并可指导生产、制造，为消费者提供更好的服务体验，推动物流仓储智慧化升级。

1. AGV

自动导引运输车（Automated Guided Vehicle，AGV）是装备有电磁或光学等自动导引装置，能够沿规定的导引路径行驶，具有安全保护及各种移载功能的运输车。AGV 可以在任意两点之间运动，由任务调度系统控制。该系统可以依据任务量、距离等因素进行判断，使相关过程更智能、灵活。常见的 AGV 如图 3-2 所示。

图 3-2　常见的 AGV

仓储物流的拣选一般分为人到货、货到人两种方式。在人到货方式中，当前应用最广的是快件跟踪扫描记录仪（Personal Digital Assistant，PDA）拣选，语音拣选、AR 眼镜拣选等新兴技术尚未在我国普及。在货到人方式中，主要有穿梭车和拣选机器人两种解决办法，它们都是根据拣货人员的指令，将所需的商品送到拣货人员面前，缩短行走和寻找时间。两者相较，前者设备投资大、柔性小，而后者更加灵活。拣货人员可根据实际需求，自主规划拣选方式。相对于人工拣选，机器人操作能使平均效率提高 3～5 倍，可节约 70% 的人力。

2. RFID

无线射频识别（Radio Frequency Identification，RFID）是一种非接触自动识别技术，其基本原理是利用射频信号和空间耦合（电感或电磁耦合）或雷达反射的传输特性，实现对被识别物体的自动识别。无线射频识别系统主要由 RFID 标签卡商品和 RFID 读写器组成，RFID 标签卡商品是无线射频识别系统的数据载体，将待识别物体的标识信息记载在标签的储存区内，由标签天线和标签专用芯片组成。RFID 标签卡商品与 RFID 读写器之间通过无线电耦合元件，实现射频信号的空间（无接触）耦合，进行能量传递和数据交换，从而实现 RFID 读写器读取 RFID 标签卡商品中的数据信息。常见的 RFID 读写器如图 3-3 所示。

图 3-3　常见的 RFID 读写器

3. 无人仓

无人仓指货物从入库、上架、拣选、补货，到包装、检验、出库等物流作业流程全部实现无人化操作，是高度自动化、智能化的仓库。无人仓可以将仓储的运营效率提高至传统仓库的 10 倍。

我们需从作业无人化、运营数字化和决策智能化 3 个层面理解无人仓。

（1）作业无人化。无人仓使用了自动立体式存储、3D 视觉识别、自动包装、人工智能、物联网等各种前沿技术，兼容并蓄，实现了各种设备、机器、系统之间的高效协同。

（2）运营数字化。在运营数字化方面，无人仓具备自感知等能力。在运营过程中，与面单、包装物、条码有关的数据信息要靠系统采集和感知，出现异常时，系统能自行做出判断。从这方面来看，算法是无人仓技术的核心所在。

（3）决策智能化。在决策智能化方面，无人仓能够实现成本、效率、体验的最优化，可以大幅度减轻工人的劳动强度，且运营效率是传统仓库的 10 倍。

无人仓示意图如图 3-4 所示。

图 3-4　无人仓示意图

✳ 3.2.2　仓储管理流程

仓储管理按照流程可分为入库管理、库中管理和出库管理。仓储管理流程如图 3-5 所示。

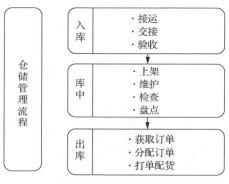

图 3-5　仓储管理流程

1．入库管理流程

入库管理流程可分为接运、交接和验收。

（1）接运。供应商有义务发布入库前的通知，以便仓库收货人员事先做好准备，避免二次重复劳动。

（2）交接。交接时要求单单相符、单货相符。单单相符要求单据和单据之间要完全吻合。采购入库之前，采购人员需要交给仓库收货人员一份单据；供应商将货物运过来时，随车附有单据；仓库收货人员需要将两份单据进行核对，确认准确无误后才能收货。单货相符要求商品与单据之间完全吻合。商品到库后，仓库收货人员首先要检查商品入库凭证，然后将入库凭证上列示的收货单位、商品名称与送交的商品内容和标记与实物进行核对。

（3）验收。验收包括对商品的规格、数量、质量和包装等方面进行检查。规格的验收主要是对商品名称、代号、花色和色样等方面进行检查；数量的验收主要是对散装商品进行称量，对整件商品进行数目清点，对贵重商品进行仔细查验等；质量的验收主要是检查商品是否符合仓库质量管理的要求，商品的质量是否达到规定的标准等；包装的验收主要是核对商品的包装是否完好无损，包装标志是否达到规定的要求等。

2．库中管理流程

库中管理流程分为上架、维护、检查和盘点。

（1）上架。跨境电子商务仓储中的存货数量繁多、种类多样，在上架过程中极易出错。因此，上架时，工作人员要保证商品放在相对固定的位置，确保商品可以被识别。

（2）维护。商品在仓库里存放，工作人员要注意商品的保养，明确商品的储存条件，要注意特殊商品的通风、防潮等。

（3）检查。工作人员应对仓库中的商品进行实时检查，运用库存信息管理系统根据订单情况维护库存，并根据库存量及临近日期的日均销量，结合采购周期制订采购计划。

（4）盘点。盘点是指对商品实有库存数量及其金额进行全部或部分清点，从而掌握商品状况，加强商品管理。企业运用库存信息管理系统可以同步供应商仓库库存信息，实现仓库之间的库存调拨。

3．出库管理流程

出库管理流程分为获取订单、分配订单和打单配货。

（1）获取订单。订单获取主要通过跨境电子商务平台的官方应用程序编程接口（Application Programming Interface，API）自动将平台订单导入库存信息管理系统，从而获得订单信息。

（2）分配订单。分配订单的流程为：接入主流的国际物流渠道，用户自定义分配规则，所有订单自动根据规则分配给相应的仓库配货，相应的物流企业获取面单和跟踪号。

（3）打单配货。打单配货的流程为：根据规则自动获取物流信息，并生成面单、跟踪号，拣货信息也与面单同步打印；对于简单包裹（一个订单仅包含一件商品的包裹）可以扫货出面单。

❈3.2.3　仓储管理的方法和原则

1．货架位信息规范化

货架位信息指对库存商品存放场所按照位置的排列，采用统一标识标上顺序号码，并做出明显标志。货架位信息规范化有利于对库存商品进行科学的管理，在商品的出入库过程中快速、准确、便捷地完成操作，提高效率，减少失误。

货架位信息编码应确保一个仓库的货架位采用同一种方式进行编号，以便于查找及进行处理。货架位信息编码通常采用区段式编号、品项群式编号和地址式编号3种形式。

（1）区段式编号。这是指先把仓库分成几个区段，再对每个区段进行编号。这种方式以区段为单位，每个号码代表一个储存区域，可以将储存区域划分为 A1、A2、A3……若干个区段。

（2）品项群式编号。这是指先把集合在一起的相关性强的商品分成几个品项群，再对每个品项群进行编号。这种方式适用于容易按商品群保管和所售商品差异大的跨境电子商务企业，如泛品类经营的跨境电子商务企业等。

（3）地址式编号。这是指按仓库、区段、排、行、层、格等进行编码。企业可采用 4 组数字来表示商品存放的位置，这 4 组数字分别代表仓库的编号、货架的编号、货架层数的编号和每一层中各格的编号。例如，编号 1-12-1-5 的含义是 1 号库房，第 12 个货架，第一层中的第五格。根据地址式编号，我们可以迅速确定某种商品具体存放的位置。

以上是常用的仓库货架位信息编码形式，各种形式之间并不是相互独立的，跨境电子商务企业可以根据实际情况结合使用。

2．商品信息规范化

商品信息规范化主要是指商品的库存量单位（Stock Keeping Unit，SKU）信息、规格尺寸和中英文报关信息的条理化、明晰化。商品信息规范化有利于对库存商品进行精细化管理，有利于及时、准确地拣货，提高效率，避免失误。

商品 SKU 作为最小的库存单位，是商品管理中最为重要、最为基础的数据之一，但很多跨境电子商务企业存在缺少 SKU 或 SKU 不完善的情况。例如，A 鞋有 3 种颜色、5 个尺码，那么 A 鞋就需要 15 个 SKU，细致到具体颜色的具体尺码。如果商品 SKU 信息不完善，跨境电子商务企业将无法有效监控商品的详细库存，不利于分析销售数据和及时补货。同时，在配货时，订单信息也无法准确反映拣货信息。

3．先进先出原则

先进先出原则（First In First Out，FIFO）指在仓储管理中，将商品按照入库时间顺序整理好，在出库时按照"先入库的商品先出库"原则进行操作。由于大多数商品都有一定的保质期，如果不遵循先进先出原则，则可能造成很多商品过期。该原则在海外仓的仓储管理中尤为重要。

先进先出原则在操作过程中最重要的一点是进行商品存放规划，使管理人员能够清楚、方便地找到不同时期的商品。先进先出原则示意图如图 3-6 所示。

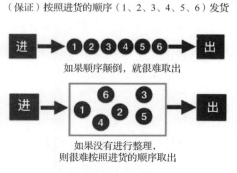

图 3-6　先进先出原则示意图

先进先出原则在仓储管理中的应用举例如下。

【例 3-1】某跨境电子商务企业的某商品仓库存货情形如下。

1 月 1 日，进货 10 个，每个 5 元，小计 50 元。

4月1日，进货10个，每个6元，小计60元。

8月1日，进货10个，每个7元，小计70元。

12月1日，进货10个，每个8元，小计80元。

假设12月31日的存货数量为15个，按先进先出原则，期末存货价值为多少？

解： 期末存货价值为115元。12月1日的10个，每个8元，小计80元；8月1日的5个，每个7元，小计35元。

┃ **问题思考** ┃

某跨境电子商务企业对某商品的采购情况如下。

3月1日，购买A商品3个，单价为8元/个。

3月5日，购买A商品9个，单价为7元/个。

3月9日，购买A商品2个，单价为10元/个。

若3月发出A商品8个，按先进先出原则，发出的8个A商品的成本为多少？

4．拣货方式

跨境电子商务仓储的拣货方式有摘果法和播种法两种。

（1）摘果法。摘果法指针对每一份订单要求进行单独拣选，拣货人员或设备巡回于各个商品储位，将所需的商品取出，形似摘果。摘果法示意图如图3-7所示。

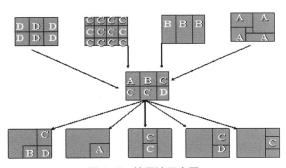

图3-7　摘果法示意图

摘果法的特点及应用范围如表3-1所示。

表3-1　摘果法的特点及应用范围

特点	应用范围
易于实施，配货准确度高，不易出错	不能相对稳定地按订单分配货位的情况
各订单在拣货时没有约束	订单之间共同需求差异较大的情况
拣完一个订单，商品便配齐，商品不再落地暂存，可直接装车配送	订单需求种类较多，统计和共同取货难度较大的情况
订单数量不受限制，可在很大范围内波动	订单配送时间要求不一致的情况
对机械化、自动化水平没有严格的要求，不受设备水平的限制	传统的仓库改造为配送中心或新建的配送中心初期运营时

📖**案例拓展**

摘果法拣货

某跨境电子商务女装商家的仓库面积为 500～600 平方米，形状近似正方形，横式货架排列，货架与货架之间距离 80 厘米，平均每单商品数为 2～3 件，每单商品集中度较低（商品分布在仓库的多个仓位），商品小（衣服），重量轻，包装为袋子。该商家的仓库布置大致如图 3-8 所示。

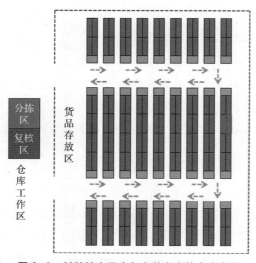

图 3-8　某跨境电子商务女装商家的仓库布置

该商家采用摘果法拣货，拣货人员一次拿 30 多张发货单进行配货，配完一单后继续配下一单。需要注意的是，每次配完一笔订单后，他们会将配好的订单单据和商品放在其配货完成的最后一个货架上。拣货人员仅需要按发货单拣货即可，不负责将配好的订单送到复核区校验，而是由复核区的工作人员用推车将收纳筐中的订单收集（按图 3-8 中的轨迹线推车），收集完后统一送到复核区校验。

【思考】该商家还有其他形式的拣货方式吗？如有，请帮助其进行设计。

（2）播种法。播种法指把多个订单需求集合成一批，先把其中每种商品的数量分别汇总，再按品种对所有订单进行分货，形似播种。播种法示意图如图 3-9 所示。

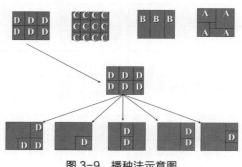

图 3-9　播种法示意图

播种法的特点及应用范围如表 3-2 所示。

表 3-2　播种法的特点及应用范围

特点	应用范围
集中取出众多需要的商品，分别放到事先规划好的货位上。该工艺难度较高，计划性强	订单稳定且订单数量较多的情况。订单需求具有很强的共同性，差异较小，需求在数量上有一定的差异，但种类差异小
有利于车辆的合理调配，合理规划配送路线可以更好地实现规模效益	订单需求种类有限、易于统计和分货时间不太长的情况
对到来的订单无法做出及时反应，必须等订单达到一定数量时才能进行一次处理，因此存在停滞时间	订单配送时间要求不严格或订单没有轻重缓急之分的情况

✳ 3.2.4　仓储量化指标

对仓储管理进行量化的考评是有效的管理手段。没有量化就没有标准，仓储管理也需要量化的指标。仓储管理最关键的 5 个量化指标是仓库吞吐量、平均库存量、库存周转率、收发正确率和商品完好率。

1. 仓库吞吐量

仓库吞吐量也叫库存量，指一定时期内仓库出库、入库、直拨物资的总量。仓库吞吐量通常以实物指标"吨"为计算单位，对难以用吨位计量的物资则按货单上的重量统计，有的物资可以按价格折算吨位进行计算。它反映了一定时期内仓库的工作量和收发能力。其计算公式如下：

仓库吞吐量=入库量+出库量+直拨量

直拨量指没有经过仓库就直接发货的商品数量，或者直接由配送中心或供应商发货的商品数量。直拨商品在正常情况下是要经过仓库的，所以直拨量要纳入仓库吞吐量。

【例 3-2】顺达仓库三月商品到库共 2 000 件，出库共 1 500 件，月初库存为 500 件，全月有 500 件商品因特殊原因直发海外仓。全月错收错发商品共 30 件，损坏变质商品共 10 件。请计算顺达仓库三月的仓库吞吐量。

解：仓库吞吐量=2 000+1 500+500=4 000（件）

2. 平均库存量

平均库存量是指一定时期内某种商品的平均库存数量。它反映了仓库的平均储存水平。年均库存量指每年平均的库存量，是在每个月平均库存量的基础上计算出来的。

3. 库存周转率

库存周转率是指某一时间段内库存商品周转的次数，是反映库存周转快慢程度的指标。通常情况下，库存周转率越大，销售情况越好。在商品保质期及资金允许的条件下，企业可以适当增加库存控制目标天数，以保证合理的库存；反之，则可以适当减少库存控制目标天数。

知识拓展

库存周转率和动销率

商品库存周转率越高，商品给公司带来的利润就越高。商品的动销率越高，滞销商品就越少。库存周转率关注商品价值变化，动销率关注存放价值变化。

库存周转率衡量的是某 SKU 商品的价值高低，是对 SKU 进行"点"的管控。而动销率关注的是整个商品品类，甚至整个仓储品类的动态，属于"面"的管控。动销品种数越多，表示品类的管理和策划越成功，仓储利用价值越高。商品动销率的计算公式如下：

$$商品动销率=（动销品种数÷仓库总品种数）×100\%$$

当整个仓储动销率较低时，意味着店铺/仓储 SKU 结构需要调整了。在确定需要调整 SKU 后，企业要分析每个 SKU 的库存周转率。对于库存周转率低的 SKU，企业需要分析其库存周转率低的原因，究竟是卖相不好，还是不适合在网上销售，或是过季，或是图片拍得不好、编辑文字有误等，还要在选品、设计、运营等方面寻找原因。

真正成功的商品规划是用有限的 SKU 实现尽量多的销售。

4．收发正确率

收发正确率指仓库在收货、发货时的正确程度。收发差错总量是收货时的差错量和发货时的差错量之和。收发正确率越高，库存盘点的精确度就越高。收发正确率的计算公式如下：

$$收发正确率=（库存吞吐量-收发差错总量）÷库存吞吐量×100\%$$

5．商品完好率

商品完好率反映的是物资经过保管后的完好情况。其计算公式如下：

$$商品完好率=（平均库存量-缺损变质商品总量）÷平均库存量×100\%$$

3.3 跨境电子商务物流包装

包装是跨境电子商务末端环节的工作。跨境电子商务物流时间长，中转较多，甚至需要经常变换运输工具，因此企业必须严格要求跨境电子商务物流包装。跨境电子商务物流包装的水平会直接影响客户体验。本节从包装概述、包装的分类、合理化包装和包装技巧等方面来介绍跨境电子商务物流包装。

✿3.3.1 包装概述

包装起源于原始社会末期，当时的人们利用自然界提供的植物作为最早的包装材料。早期包装的目的单一，主要是保护物品。随着科学技术的进步和商品经济的发展，人们对包装的认识不断深化，赋予了包装新的内涵。

1．包装的含义

一般物品从生产领域转移到消费领域都要借助于包装。包装包括以下两个含义。

（1）作为名词，指包装物。这是静态的，指流通过程中保护产品、方便储运、促进销售，按一定技术方法而采用的容器、材料及辅助物等的总称。例如，电视机包装物所使用的瓦楞纸箱、泡沫塑料垫衬、塑料袋、封口胶和打包带等。

（2）作为动词，指包装时采用一定技术的操作过程。这是动态的，指为了达到上述目的而在采用容器、材料及辅助物的过程中施加一定技术方法等的操作活动。例如，固定电视机、装箱、装入有关资料、封口、装订和打包捆扎等操作过程。

2．包装与物流

包装既是生产的终点，又是物流的起点。物流系统的所有构成因素均与包装有关，同时物流也会受到包装的制约。包装是物流系统的构成要素之一，与运输、装卸、搬运和配送等均有十分密切的关系。

3．包装与运输

运输的功能是保证物品在空间位置上的转移，具有流动性。物品运输的基本要求是安全、迅速、准确、方便。包装直接关系着运输过程中的物品安全、装卸便利性和运输工具的利用率。所以，不同的运输方式对包装有不同的要求。包装设计必须和运输方式、运输工具及运输距离等相适应，这样才能避免损失。

4．包装与装卸

装卸与物品的运输和储存密切相关。它主要包括两个独立的作业环节，即物品的装上和卸下。在装卸过程中，如果包装材料选择不当或包装设计不合理，就会造成包装损坏，增加物流成本，造成重大损失。因此，包装要适应装卸作业中的装上、卸下，以及搬运、筛选和分类等环节的需要，防止物品受损。

5．包装与储存

储存解决了物品流通过程中在时间上不一致的矛盾，是社会再生产顺利进行的必不可少的条件。可以说，没有物品储存，就没有物品流通。物品的任何储存方式都与包装有着密切的关系。例如，在潮湿环境中，包装应能防湿、防潮。一般情况下，物品储存要适应高层堆码的需要，此时包装设计就必须考虑物品堆码负荷（也称堆压）。所以，储存离不开包装对物品的保护，同时，包装又要适应储存的需要。

❋3.3.2　包装的分类

按包装功能分类，包装可以分为运输包装和销售包装。

1．运输包装

运输包装又称为大包装或外包装，指在物品运输时将一件或数件物品装入容器或以特定方式加以包扎的二次包装。运输包装必须牢固。它的作用是保护物品品质完好与数量完整，便于物品运输、储存、检验、计数和分拨。

运输包装的方式主要有两种：单件运输包装和集合运输包装。

（1）单件运输包装。它是根据物品的形态或特性将一件或数件物品装入一个较小容器内的包装方式。单件运输包装的材料有纸、塑料、木材、金属及陶瓷等。

（2）集合运输包装。它指将若干单件运输包装物品组合成一件大的包装或装入一个大的包装容器内。集合运输包装主要有集装箱、集装袋、托盘等。

2．销售包装

销售包装又称为小包装或内包装。它是随着物品进入零售环节并和消费者直接见面的包装。销售包装实际上是一种零售包装。

📖案例拓展

可口可乐的昵称瓶

2013年夏季，可口可乐推出了昵称瓶。昵称瓶营销战略为可口可乐额外带来了20%的销量。一些网络词汇被印在了可口可乐的包装上。因为相关昵称来源于社交网络，加之如微博等社交媒体比较普及，所以可口可乐一系列推广昵称瓶的海报在微博等社交媒体上大范围传播，一时间取得了不错的成绩。

昵称瓶的包装营销主要突出了商品和消费者的强关联性。这些昵称是网络热词，也是很多人的个人特性和属性的体现。这种方式把线上的社交属性衍生到线下，让更多人有机会展示自己的个性。

【思考】请搜集资料，展示可口可乐公司最新的包装创意，并尝试设计新的主题包装。

✳3.3.3　合理化包装

跨境电子商务物流合理化包装的要点如下。

1．满足跨境电子商务对运输包装的要求

跨境电子商务对商品运输包装的要求比一般电子商务更高，要求包装必须适应商品的特性，适应各种运输方式的要求，必须考虑有关国家（地区）的相关规定和消费者的要求。

在跨境电子商务中，由于各国（地区）文化存在差异，对商品的包装材料、结构、图案及文字标识等的要求也不同。例如，美国规定，为防止植物病虫害的传播，禁止使用稻草作为商品的包装材料，若海关发现使用稻草作为包装材料，则必须当场销毁，由此产生的一切费用由卖家承担；加拿大规定，进口商品的标签必须英、法文对照；销往中国香港地区的食品的标签必须用中文，但标签上的食品名称及成分须同时用英文注明。

国际商品买卖中的包装条款一般包括包装材料、包装方式、包装规格、包装标志和包装费用的承担等内容。

知识拓展

包装条款实例

To be packed in poly bags, 25 pounds in a bag, 4 bags in a sealed .Wooden case which is lined with metal. The cost of packing is for seller's account.

中文解释：用涤纶袋包装，25 磅（1 磅≈0.45 千克）装一袋，4 袋装一箱。箱子是以金属做衬里的木箱。包装费用由卖家承担。

2．运输包装的标志要标准、清晰

国际运输包装的标志按用途可分为以下 3 种。

（1）运输标志。运输标志通常由一个简单的几何图形和一些字母、数字及简单的文字组成。根据国际标准化组织的建议，运输标志应为 4 行，每行的字母、数字不超过 17 个字码，取消任何图形。因为图形不能用打字机一次做成，采用计算机制单时尤为不便。运输标志中包含的元素如下。

① AMR：收货人的缩写。

② 08/S/C No.2356：合同编号。

③ New York Via Shanghai：目的港名称（含中转港信息）。

④ Nos.1-400：箱号和总件数。

（2）指示性标志。指示性标志指示人们在装卸、运输和保管过程中需要注意的事项，一般以简单、醒目的图形和文字在包装上标出，又称为注意标志。图 3-10 列举了常见的运输包装的指示性标志。

图 3-10　运输包装的指示性标志

（3）警告性标志。警告性标志又称危险商品标志。凡在运输包装内装有爆炸品、易燃物品、有毒物品、腐蚀物品、氧化剂和放射性物质等危险商品时，都必须在运输包装上标明对应的危险商品标志，以示警告，便于装卸、运输和保管人员按商品特性采取相应的防护措施，以保护物资和人身的安全。

包装不合规遭退运

深圳某公司出口到美国的一批大理石板材在辗转近 4 个月后又原封不动地回到了深圳，其主要原因是货主因嫌麻烦，在出口前用来承载大理石板材的木质包装未按出入境检验检疫管理机构的要求报检、未加施 IPPC 标识。结果商品到达美国口岸后，美国检验检疫部门做出原柜退运出境处理。

国际植物保护公约（International Plant Protection Convention，IPPC）组织于 2002 年 3 月发布了国际植物检疫措施标准第 15 号出版物《国际贸易中木质包装材料管理准则》（*Guidelines for Regulating Wood Packing Material in International Trade*），要求木质包装按规定的入境检疫要求，对于无 IPPC 标识、未正确加施 IPPC 标识或检出有害生物的木质包装，将在入境口岸采取除害、销毁、拒绝入境等措施。美国、加拿大、墨西哥等对发现不符合要求的木质包装，通常会采取连同商品一并退运的严厉措施。出口商应从获得标识加施资格的企业处购买已经加施 IPPC 标识的木质包装。相关企业可向所在地检验检疫机构咨询和索要 IPPC 标识加施企业名单，并自主选择购买经有效处理的木质包装。

【思考】不合规的包装会产生哪些不良的影响？

除我国颁布的《危险货物包装标志》外，联合国政府间海事协商组织也制定了《国际海运危险品标志》。这套规定在国际上已为许多国家（地区）所采用，有的国家（地区）进口危险品时要求在运输包装上标明该组织规定的危险品标志，否则不准靠岸卸货。在我国，危险商品的运输包装上要标明我国和国际上所规定的两种危险商品标志。

3．从国际物流总体角度出发，用科学方法确定最优包装

商品从出厂到最终销售至目的地所经过的流通环境条件，如装卸条件、运输条件、储存条件、气候条件、机械条件、化学和生物条件等都对包装提出了要求。从现代物流观点来看，包装合理化不单是包装本身合理化，还是整个物流合理化前提下的包装合理化。对包装产生影响的因素主要有以下 3 个。

（1）装卸。不同装卸方法决定着不同的包装。目前，我国仍然大量采用人工装卸方法，因此，包装的外形和尺寸就要适合人工操作。此外，如果装卸人员素质低或作业不规范，就会直接引发商品损失。改进装卸技术，提高装卸人员的素质，规范装卸作业标准等都可以促进包装、物流的合理化。

（2）保管。企业在确定包装时，应根据不同的保管条件和方式采用与之相适应的包装强度。

（3）运输。运输工具的类型、输送距离的长短、线路情况等对包装都有影响。国际运输形式多样，如远洋运输、国际铁路运输、国际航空运输、国际多式联运等，不同的运输方式对包装有着不同的要求和影响。

4．提倡绿色包装

绿色包装指不会造成环境污染或使环境恶化的商品包装。当前，世界各国（地区）的环保意识均日渐增强，出于对环保的重视，它们将容易造成环境污染的包装列入限制进口之列。例如，德国、意大利均禁止进口使用聚氯乙烯（Polyvinyl Chloride，PVC）做包装材料的商品。20 世纪 80 年代，工业化国家提出了绿色包装的"3R"原则，即减量化（Reduce）、重复使用（Reuse）和再循环（Recycle）；20 世纪 90 年代，相关国家又提出了"1D"原则，即包装材料应可降解（Degradable）。根据上述原则，绿色包装应符合节省材料、资源和能源，废弃物可降解，不会污染环境，对人体健康无害等要求。

随着跨境电子商务物流的发展，垃圾公害问题已被提上议事日程。而随着对"资源有限"认识的加深，包装材料的回收利用和再生利用也受到重视。包装与社会机制协调的问题日益突出。因此，跨境电子商务物流包装应推崇绿色包装理念，包装的资源节省与拆装后的废弃物处理必须与社会系统相适应，应尽可能积极推行包装容器的循环使用，尽可能回收废弃的包装容器并予以再利用。

❋ 3.3.4 包装技巧

1．包装的原则

（1）保护商品。包装的目的在于防止和避免商品在运输中由于冲击或震动产生破损，同时兼顾防潮和防盗功能；包装在保证商品的使用特性和外观特性不被损坏的情况下，更要注意防盗，特别是高价值商品的包装。

（2）便于装卸。对物流商品特别是大件商品进行包装时，需要考虑商品装卸的便利性，以有效地提高商品装卸效率，同时避免由于粗暴装卸给商品带来损害。

（3）适度包装。对商品进行包装时，要根据商品的尺寸、重量和运输特性选用合适的包装箱及包装填充物，既要避免包装不足所造成的商品破损，也要防止过度包装所造成的材料浪费。

（4）注意放置方向。对于有放置方向要求的商品，在包装、储存和运输过程中必须保证按照外包装上的箭头标识正确放置商品，杜绝侧放和倒放。包装件的重心和几何中心应该合一或比较接近，这样可以防止在运输过程中由于运输车辆的启动、转弯和刹车给商品带来损害。

2．包装的步骤

（1）拣选。如果有多件商品同时寄运，要把每件商品分开放置，为每件商品准备充足的缓冲材料（如泡沫板、泡沫颗粒、皱纹纸等）。需要注意的是，颗粒缓冲材料可能会在运输过程中发生移动，所以采用颗粒缓冲材料时一定要将其压紧压实。

（2）打包。将需要打包的商品放入一个比较牢固的箱子里，并使用缓冲材料把商品之间的空隙填满，但不要让箱子鼓起来。如果是旧箱子，则要把以前的标签移除，而且要确保旧箱子具有足够的承重力。

（3）封装。用宽大的胶带（封箱带）封装。拉紧封箱带，采用十字交叉的方法封装。如果用的是胶带，则胶带的宽度至少为 6 厘米。

3．选择包装材料

常用的商品包装材料有纸箱、泡沫箱、牛皮纸、文件袋、编织袋、自封袋、无纺布袋等。常用的包装辅材有封箱带、警示不干胶、气泡膜、珍珠棉等。其中以纸箱最为常用，下面重点介绍如何选择纸箱。

（1）根据纸箱所使用的纸板（瓦楞板）层数，纸箱可以分为三层纸箱、五层纸箱、七层纸箱。其中，三层纸箱的强度最低，七层纸箱的强度最高。服装等不怕压、不易碎的商品，一般用三层纸箱就够了；玻璃、数码商品、电路板等易碎商品最好用五层纸箱，再配以气泡膜。

（2）根据纸箱的形状，纸箱可以分为普箱（或双翼箱）、全盖箱、天地盒、火柴盒、异型箱（啤盒）等。天地盒、异型箱的价格要高于普箱，因为其用料较多，侧面一般为两层纸板，故其强度、密封性均高于普箱。普箱的应用范围最广。

商家选购纸箱时最好根据商品特征、买家要求，同时结合成本投入，进行综合考虑。虽然强度高的纸箱安全性更高，但是成本高，物流费用也会增加。商家也可以定制自己的专用包装纸箱，印上自己的Logo等信息，这样可以让商品在物流全程吸引更多的关注。

4．不恰当的包装方式

（1）连体包装。以带子、绳索、胶带或气泡膜将两个相同或不同大小的商品连体包装，这样做容易出现松弛、分离等情况。这时，商家需要根据实际情况确定是否更换包装。

（2）内件无定位包装。内件在包装内若易滚动，则易损坏，一般需要附加缓冲防震材料或更换更加合适的包装。

（3）内件无内装保护。内件如果是有锋利角部的物品（如零件等）等，要先用胶带将瓦楞纸板片绑到所有锋利或凸起部位的边缘，并在包装内填充足够的缓冲防震材料。

（4）内件无分隔。多件易碎品装入同一个包装时，需要采取相应的内件分隔措施。

（5）包装重心不稳。商品笨重，重心明显偏向一侧，或商品包装经挤压，或商品原始形状近似圆柱体，容易滚动，需要更换包装。

（6）重货包装强度不够。重货必须选择强度达到要求的三层或五层纸箱进行包装。

（7）没有内包装的小件商品。内件为手表、读卡器、纽扣、螺丝等小件商品时，必须首先按一定量分隔独立包装，再外套包装，以免遗漏丢失。

（8）超出原包装容量的包装。对原包装进行裁剪后重新使用，如出现超出原包装容量的情况，为避免商品撑破包装，应视内件和外包装情况，更换新的外包装。

（9）商品包装与运输包装较紧密。这也是一种不恰当的包装方式，对此应在商品包装与运输包装之间填充缓冲材料，以免物流供应商或海关查验时划伤内件。

 3.4 跨境电子商务供应链管理系统

跨境电子商务供应链管理系统提供跨境电子商务全面信息化解决方案。该系统通过整合境内外电子商务平台，将跨境电子商务在各种直营或分销渠道的订单、客户、库存等信息进行集成同步和统一管理，实现境内外电子商务业务和配套物流业务的高效协同运营。本节从跨境电子商务供应链管理系统概述及其各子系统等方面来介绍跨境电子商务供应链管理系统。

✳ 3.4.1 跨境电子商务供应链管理系统概述

跨境电子商务供应链管理是借助互联网服务平台，把传统供应链管理中的采购、生产、销售、仓储管理等物流及资金流模块，与跨境电子商务中的网上采购、网上销售、资金支付等模块整合在一起，实现供应链交易过程全程电子化的商业协同模式。

与传统交易相比，跨境电子商务对上下游资源整合和数据共享提出了更高的要求，包括整合线下分销资源，共享库存，集中或分散物流，统一财务结算管理及整合后的各种一体化增值服务等。通过跨境电子商务供应链管理系统进行整体运营，企业可以降低内部管理成本。

跨境电子商务供应链管理系统由商品 SKU 管理系统、采购管理系统、订单管理系统、库存管理系统、统计分析系统、应用系统集成和客户关系管理系统七大子系统构成，其部分架构如图 3-11 所示。

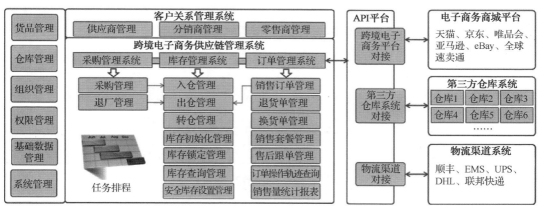

图 3-11 跨境电子商务供应链管理系统的部分架构

✳ 3.4.2 商品 SKU 管理系统

商品 SKU 管理系统是对商品属性、商品分类、组合套装、条码信息、自定义属性、铺货关系、变价单、铺货日志等内容进行管理的系统。商品 SKU 管理的目的是通过管理关键词搜索与类目搜索，让消费者快速找到商品，并为同类型商品提供标准的属性、属性值，同时，运营人员能够方便地管理商品的上下架。

芒果店长是一款全面支持 Wish、全球速卖通、eBay、亚马逊、Lazada、敦煌网、京东海外平台等的跨境电子商务供应链管理系统。下面以芒果店长为例介绍其商品 SKU 管理功能。

（1）登录芒果店长平台，单击"产品"，在"产品刊登"中选择运营平台"Shopee"，如图 3-12 所示。

图 3-12　选择 Shopee 平台

（2）单击"编辑"按钮，如图 3-13 所示。

图 3-13　"Shopee"页面

（3）在"属性信息"页面，将商品类型设为"多 SKU 商品"，增加 SKU，设置 SKU 属性（如尺码、颜色等），如图 3-14 所示。

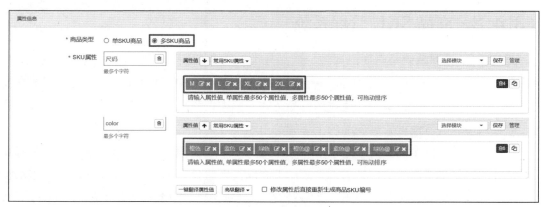

图 3-14　编辑 SKU

（4）按"Enter"键，增加新的 SKU 属性，后台和前台就会显示出新的 SKU，如图 3-15 所示。

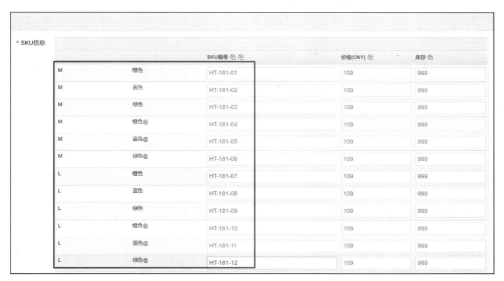

图 3-15　产生新的 SKU

（5）添加 SKU 属性图片，使 SKU 属性与图片对应，如图 3-16 所示。

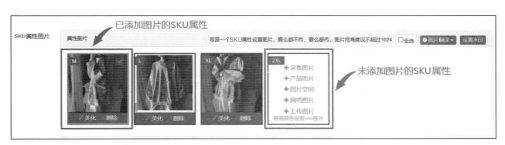

图 3-16　添加产品属性图片

（6）设置价格。在 Shopee 定价工具高级版中设置采购成本、重量、成本利润率等，可获得定价建议，并可以此为参考定价，如图 3-17 所示。

图 3-17　Shopee 定价工具

（7）填写物流信息，如图 3-18 所示。发货期一般选择"3 天内发货"，对于发货较慢的产品可以选择"自定义发货时间"。准确填写商品重量以计算运费。选择物流方式并选择是否免运费。

图 3-18　填写物流信息

✳3.4.3　采购管理系统

采购管理系统（Purchase Management System，PMS）是综合运用采购申请、采购订货、仓库收货、采购退货、购货发票处理、供应商管理、价格及供货信息管理、订单管理及质量检验管理等功能的管理系统，能对采购物流和资金流的全过程进行有效的双向控制和跟踪，实现完善的企业物资供应信息管理。采购管理系统可以为企业提供进出库的便捷方式，并且可以通过平常的系统录入进行直观的展示。先进的跨境电子商务采购管理系统应用智能的采购补货逻辑，保证企业不缺货、不断货；根据企业需要采用适配度高的采购模式，支持亚马逊、eBay、全球速卖通等多种不同应用场景；采购人员、主管人员、仓库人员、财务人员等多个角色可以参与其中，确保采购的及时性和准确性；实时统计采购异常，方便筛选优质的供应商。采购管理系统如图 3-19 所示。

图 3-19　采购管理系统

下面以芒果店长为例，介绍其智能采购建议功能。智能采购建议通过设置采购天数、最小采购量、最大采购量、安全库存等参数，由系统自动生成。系统可根据所生成的采购建议直接生成采购单，完成采购入库。参数设置如下所述。

（1）设置基本参数。单击"库存清单"→"智能采购建议参数设置"（见图 3-20），根据实际情况，设置采购天数、最小采购量、最大采购量等基本参数（见图 3-21）。

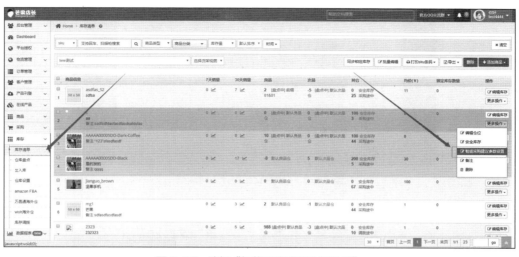

图 3-20 选择"智能采购建议参数设置"

图 3-21 "智能采购建议参数设置"对话框

（2）设置安全库存。单击"库存清单"→"安全库存"（见图 3-22），根据实际需要，设置安全库存（见图 3-23）。

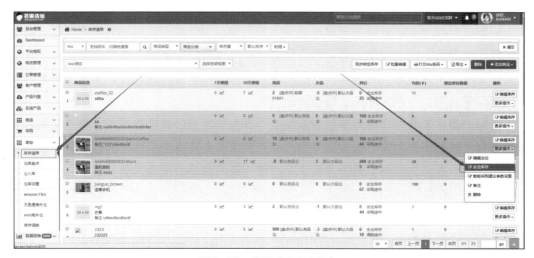

图 3-22 选择"安全库存"

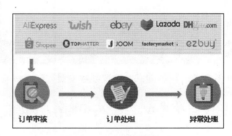

图 3-23 "修改安全库存"对话框

单击"生成采购建议"，即可看到系统自动生成的采购建议。系统可根据所生成的采购建议生成采购计划，继而生成采购单，并进入"采购单"管理流程。

3.4.4 订单管理系统

订单管理系统（Order Management System，OMS）通过对订单进行管理及跟踪，动态掌握订单的进展和完成情况，提高物流过程中的作业效率，从而缩短运作时间和降低作业成本，增强企业的市场竞争力。订单管理系统涵盖销售订单管理、退货单管理、换货单管理、销售套餐管理、售后跟单管理、订单操作轨迹查询、销售量统计报表等功能。订单管理系统如图 3-24 所示。

图 3-24 订单管理系统

先进的订单管理系统对接主流跨境电子商务平台，支持线下订单的导入和创建；系统智能化实现自动分仓、自动审单、标记发货及监控、发货超时提醒等；多种订单状态满足客户日常处理订单的所有需求，无缝对接仓储配送系统，支撑一键智能发货；支持设置客户黑名单、试算订单利润，可以帮助企业提前规避损失。

下面以芒果店长为例介绍订单管理系统的拆分包裹功能，该功能适用于单个包裹超重，需将包裹拆分成若干个包裹进行发货的情况。芒果店长支持将一个订单拆分成两个或两个以上的订单，拆分后可生成对应数量的包裹，并使用各自运单号完成发货。

（1）执行"订单"→"打包发货"→"打包"命令，再单击"编辑"下拉按钮，选择"拆分包裹"选项，如图 3-25 所示。

（2）打开"拆分包裹"对话框，如图 3-26 所示，需要拆分几个包裹就单击几次"拆分包裹"按钮，并选择发货渠道，单击"确定"按钮完成设置。

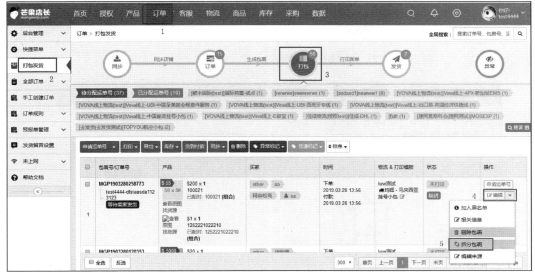

图 3-25 选择"拆分包裹"选项

图 3-26 "拆分包裹"对话框

❋ 3.4.5 库存管理系统

库存管理系统（Warehouse Management System，WMS）涵盖入库管理、库存管理和出库管理等功能。入库管理能完善收货、质检、上架流程；支持先质检后收货；支持收货后直接上架；能记录整个收货、质检、上架详情；仓库可以通过订单号、物流单号直接退件入库。

库存管理支持以 SKU 维度查询库存，以仓库维度查询库存；支持供应商库存快速对比，直接同步供应商仓库库存；支持双方仓库之间的库存调拨。出库管理针对出货类型的多样化，实现高效分拣出货；当出现出货异常情况时，提供交接班记录，对异常情况的处理跟进到位；支持次品上架，支持商品借用归还，支持批量出库等。库存管理系统如图 3-27 所示。

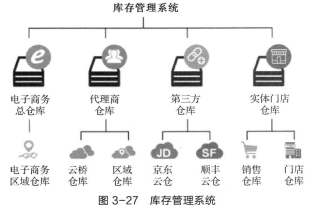

图 3-27 库存管理系统

下面以店小秘为例介绍库存管理系统的创建库存和 SKU 配对功能。

（1）创建商品信息。创建仓库所需要商品的基本信息，包括商品 SKU、商品名称、商品类型、销售方式、商品状态等，如图 3-28 所示。

图 3-28　创建商品信息

（2）设置仓库信息。店小秘默认显示仓库名称为"默认仓库"，商家可根据个人需要修改名称，或创建更多的新仓库。

（3）创建库存。创建商品信息并设置好所需的仓库后，选择"仓库清单"命令，完成库存的创建，如图 3-29 所示。

（4）将库存商品 SKU 与店铺商品 SKU 进行配对，可实现库存的动态管理，如订单发货后可自动扣除库存，库存不足时可自动标记订单为缺货并提醒采购等。"SKU 配对"功能可自动识别商品 SKU 和库存 SKU，根据一致性自动完成配对，如图 3-30 所示。

图 3-29　创建库存

图 3-30　SKU 配对

✳ 3.4.6　统计分析系统

统计分析系统（Statistical Analysis System，SAS）涵盖销售款管理、异常款管理、应退款管理、分销价格管理、分销商结算、分销商授信、快递费统计、报表中心、供应商结算、支付对账和利润计算统计等功能。先进的统计分析系统可以解决跨境电子商务企业报表冗余、表述不清、汇率耗损、数据准确性低等问题；通过大量的自定义报表，实现多维度分析；通过图表结合、指标监测，提供一体化数据平台，高效建立企业数据体系；通过精准分析运营成本，提前发现并应对企业的经营风险。

✳ 3.4.7　应用系统集成

应用系统集成通过统一 API 平台与亚马逊、eBay、全球速卖通、Wish 等主流跨境电子商务平台对接，与第三方仓库系统对接，实现物流直发；与海外仓等物流渠道对接，从而实现商流、物流、信息流的互联互通。

✳ 3.4.8　客户关系管理系统

客户关系管理（Customer Relationship Management，CRM）系统支持 eBay、Amazon、全球速卖通、Wish 等跨境电子商务平台的消息及邮件的收取和发送；针对不同场景设置自动发信功能；支持取消订单申请及退换货、纠纷处理等售后服务；支持客户数据维护和营销；支持客服任务分派及任务完成统计等。客户关系管理系统可以协调跨境电子商务企业与客户在销售、营销和服务上的交互，从而提高企业的管理水平，向客户提供创新式的个性化的客户交互和服务。客户关系管理的最终目标是吸引新客户、保留老客户，同时将已有客户转为忠实客户，扩大市场份额。

行业观察

eHub：菜鸟全球布局的"数字贸易心脏"

eHub（数字贸易枢纽）是菜鸟物流全球战略的核心组成部分。通过在全球范围内建立 eHub，菜鸟物流不仅加强了物流网络的连通性，还提高了对全球供应链的控制力。这些 eHub 不仅具备高效的货物处理能力，还通过集成数字技术，实现了对物流信息的实时监控和智能分析，从而能够更好地满足全球贸易对快速、准确、可追溯的物流服务需求。

目前，依托高效的 eHub，菜鸟已经推出了覆盖欧、美、亚三大洲 14 个国家的"全球 5 日达"产品。这一产品的推出，不仅显著提升了跨境物流的效率，还为消费者提供了更加优质的购物体验。通过"全球 5 日达"，消费者可以更加便捷地购买到来自全球各地的商品，而商家也能够更加快速地响应市场需求，提升竞争力。

菜鸟的 eHub 并不局限于物流领域。它还扮演着数字贸易中心的角色，通过连接全球各地的商家、消费者和电商平台，推动了全球贸易的数字化和智能化发展。通过 eHub，菜鸟不仅为全球商家提供了更加便捷、高效的物流服务，还为他们提供了更多元化的市场拓展机会和更深入的消费者洞察。

测试与思考

1. 简答题

（1）什么是仓储管理？

（2）仓储在跨境电子商务中的目标优化是什么？

（3）现代智能仓储技术有哪些？

（4）仓储量化指标有哪些？

（5）跨境电子商务物流对包装的一般要求有哪些？

2. 单选题

（1）以下不属于仓储量化指标的是（　　　　）。

    A. 仓库吞吐量   B. 平均库存量

    C. 库存周转率   D. SKU 数量

（2）（　　　　）不是跨境电子商务供应链管理系统的主要作用。

    A. 商品 SKU 管理   B. 订单管理   C. 采购管理   D. 销售管理

（3）（　　　　）不属于不恰当的包装方式。

    A. 适度包装   B. 包装重心不稳

    C. 内件无内装保护   D. 超出原包装容量的包装

3. 案例分析题

杭州酷仓宝跨境保税仓整体建筑面积为 10 368 平方米，分 3 层，每层建筑面积为 3 456

平方米，主营母婴用品、葡萄酒、化妆品等商品。图 3-31 所示为该仓库的 3D 示意图。下面来解析该仓库的入库流程。

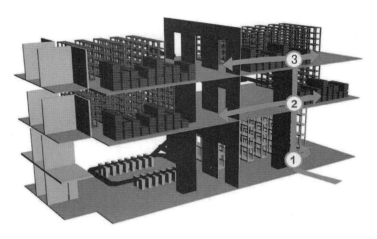

图 3-31　仓库的 3D 示意图

（1）清点、收货、定位、暂存：收货人员对收到的商品进行检验，如果有残次品或者破损品，就会按照相应规则入库。

（2）上架：收货定位后，上架人员可以按照系统的定位上架到二楼或者三楼的存储区域。

（3）拣货：拣货人员推着拣货车在轻型货架区拣货；拣好货，每个拣货篮里的发货单和商品都是对应的，然后把拣货篮放在流水线上；流水线把拣好的商品运送到一楼的操作区。

（4）活动单包裹：如果有一批订单是批次单，可以批量拣货、批量处理；对此，拣货人员在存储区用液压车拉出相应数量的货物，在活动单生产区进行拆箱、重新打包、贴单操作；贴好的包裹放在流水线上运送到一楼发货区。

（5）验货：在一楼操作区，验货人员首先要对二楼和三楼运送下来的包裹进行验货，检查是否有多拣、少拣、错拣的情况，必要时还要在此步骤针对订单进行分箱操作。

（6）包装：验货后，包装人员就可以针对订单进行打包操作，防止后面的包裹拆散等异常情况的出现。

（7）扫码打印：工作人员会根据发货单号，针对订单进行称重，维护耗材，打印快递单，然后将发货信息实时上传至平台；打印完快递单后贴单，完成出库前的最后一步操作。

（8）装载出库：装载出库是仓库内出库流程的最后一个环节，与快递员交接包裹时，工作人员需打印包裹信息、核对包裹，出库后库存才从系统内减掉。

拣货位的设计和拣货路径的设计相当重要，它直接影响拣货的效率。当拣货位的商品不足时，可以由同层的托盘存储位及时向拣货位补货。

【问题】

（1）跨境电子商务仓储管理最重要的步骤是什么？为什么？

（2）跨境电子商务仓储管理与传统的仓库管理有什么不同？

（3）从上述案例中，你能得到什么启示？

第4章
跨境电子商务物流模式的选择

📇 本章导入

跨境电子商务物流的多元化模式

近年来，互联网的快速发展将中国跨境电子商务推向了一个新的时代。同时，跨境电子商务物流进入调整期。跨境电子商务物流已经从单一的包裹模式发展成为以邮政包裹模式为主、其他模式并存的多元化模式。不同模式的优点弥补了跨境电子商务物流的不足。例如，商品在发往比较偏远的国家或地区时，可以选择专线物流；价格贵、客户要求高的商品，可以选择商业快递；商品发往普通的国家或地区时，可以选择EMS邮政小包；有实力的企业可以通过海外仓的模式解决物流痛点。在选择跨境电子商务物流模式时，企业不仅要考虑时效和成本，也要兼顾稳定性和安全性等跨境运输的要求。

思考：1. 各种跨境电子商务物流模式各自有哪些特点？
2. 各种跨境电子商务物流模式各自适用于运输哪些货物？
3. 各种跨境电子商务物流模式是如何开展的？

📇 | 学习导航

小节内容	职业能力目标	知识要求	素养目标
4.1 邮政物流	能准确掌握邮政物流的含义，选择合适的邮政物流商品	1. 了解邮政物流的含义 2. 熟悉邮政物流商品的特点与区别 3. 掌握邮政物流的费用计算	1. 对工作任务能立即采取行动，能全心全意投入工作，具有积极进取的精神
4.2 国际快递	能准确掌握国际快递的含义，选择合适的国际快递商品	1. 了解国际快递的含义和特点 2. 熟悉四大国际快递公司的优缺点 3. 掌握国际快递的费用计算	

续表

小节内容	职业能力目标	知识要求	素养目标
4.3 专线物流	能准确掌握专线物流的含义，选择合适的专线物流商品	1. 了解专线物流的含义 2. 掌握专线物流的特点 3. 了解专线物流的分类 4. 掌握跨境电子商务专线物流的费用计算	2. 能够进行自我管理，自发学习，不依靠监督、控制来完成工作任务，具有把工作当成事业看待的职业素质和敬业精神 3. 在工作中的每一项活动中追求质量，始于客户的需求，终于对客户的理解
4.4 国内快递公司的国际业务	能准确掌握国内快递公司的国际业务的含义，选择合适的物流商品	1. 了解国内快递公司的国际业务的含义 2. 熟悉国内快递公司的国际业务类型及其相关信息	

知识与技能

4.1 邮政物流

作为中国跨境电子商务从业最早、市场份额最大的物流服务商，中国邮政集团有限公司（以下简称"中国邮政"）积极贴近跨境电子商务企业的需求，结合"互联网+"的发展趋势，开展跨境电子商务物流业务。跨境邮政物流已经不是简单的物流服务，而是支持外贸流通转型升级的重要环节。本节从邮政物流概述、邮政物流商品、邮政物流的费用计算等方面对邮政物流进行介绍。

4.1.1 邮政物流概述

1. 邮政物流的含义

从广义上讲，邮政物流可分为国内物流、国际物流、电子商务物流。本节介绍的邮政物流特指跨境电子商务背景下的物流体系。

按照当前中国邮政的业务来分类，邮政物流可分为邮政小包、e邮宝、e特快、中邮商业专线、国际（地区）特快专递等。

知识拓展

中国邮政为跨境电子商务提供物流支撑

据统计，中国跨境电子商务出口业务中有70%的包裹都通过邮政系统投递，其中，中国邮政占据60%左右的份额。中国邮政通过与阿里巴巴、eBay、亚马逊、Wish、京东、敦煌网等主要跨境电子商务平台对接，带动出口规模近千亿元。

中国邮政作为跨境电子商务的主要支撑平台，获得了前所未有的发展，其拥有以双

边、多边合作为基础框架的世界邮政网络，具有其他物流企业无法比拟的网络优势。

为适应跨境电子商务轻小件商品的寄递需要，中国邮政于 2010 年 7 月推出了国际 e 邮宝业务。通过与跨境电子商务平台的合作和系统对接，国际 e 邮宝业务采取在线打单（电子面单）、线上派单、上门揽收和单独网络组织、邮政 EDI 清关等操作方式，为中国出口轻小件商品的商家提供操作简捷、时限稳定、全程可视的物流解决方案。

2. 万国邮政联盟

万国邮政联盟（Universal Postal Union，UPU）简称万国邮联或邮联，是商定国际邮政事务的国际组织，其标志如图 4-1 所示。

图 4-1　万国邮政联盟的标志

万国邮政联盟的宗旨是组织和改善国际邮政业务，促进邮政方面的国际合作，以及在力所能及的范围内给予成员所要求的邮政技术援助。

目前，邮政网络覆盖全球 220 多个国家和地区，只要设置了邮局的国家或地区都可以通邮。因此，邮政物流渠道是目前大多数跨境电子商务企业使用最频繁的发货渠道。

✽ 4.1.2　邮政物流商品

1. 邮政小包

邮政小包（见图 4-2）是中国邮政基于万国邮联网络，针对 2 千克以下小件物品推出的经济类直发寄递服务。邮政小包包括平常小包和挂号小包。

图 4-2　邮政小包

（1）就跨境电子商务活动而言，邮政小包具有以下特点。

① 寄送方便，可送达全球绝大部分国家和地区。凭借万国邮政联盟的庞大网络，邮政小包可寄达全球 200 多个国家和地区。

② 费用更低，降低了货运成本。邮政小包首重与续重均以 100 克为计费单位，与其他物流企业首重、续重以 500 克为计费单位的计费方式相比，价格区间更小，收费灵活度更大，可为寄件人有效节省邮寄费用。

③ 优先通关，缩短发货时限。邮政小包作为函件商品，能优先通关，因此可帮助寄件人有效缩短发货时限，提高寄送速度与效率。

 知识拓展

邮政小包是一项经济实惠的国际快件递送服务，属于低速低价邮路模式。

平常小包为经济型产品，性价比较高，能够提供平价服务的路向，还可以提供 1～2 个境外段关键节点的反馈信息。

挂号小包能够提供赔付保障和全程跟踪信息，并提供异常情况查询、收件人签收等增值服务。

（2）邮政小包的重量、体积限制如下。

① 重量限制：要求在 2 千克以内。

② 体积限制具体如下。

最大尺寸：单件邮件的长+宽+高≤90 厘米，最长边长度≤60 厘米；圆卷邮件直径的两倍+长度≤104 厘米，长度≤90 厘米。

最小尺寸：单件邮件的长度≥14 厘米，宽度≥9 厘米；圆卷邮件直径的两倍+长度≥17 厘米，长度≥10 厘米。

（3）邮政小包的运送时效如下。

当日中午 12 点前寄出，晚上 8 点后可以上网查询。

① 送达亚洲邻国和地区需 5～10 个工作日。

② 送达欧美主要国家和地区需 7～15 个工作日。

③ 送达其他国家和地区需 7～30 个工作日。

2．e 邮宝

e 邮宝（见图 4-3）是中国邮政为适应跨境轻小件物品寄递需要开办的标准类直发寄递业务，目前已覆盖主流路向，其中部分路向开通 e 邮宝特惠业务，国际干线以水陆路方式运输。该业务依托邮政网络资源优势，为客户提供价格优惠、时效稳定的跨境轻小件寄递服务。

图 4-3　e 邮宝

（1）e 邮宝的特点如下。

① 经济实惠：支持按总重计费，首重为 50 克，续重按每克计费，免收挂号费。

② 时效稳定：重点路向全程平均时效 7～15 个工作日，服务可靠。

③ 专业：为中国电子商务企业量身定制。

④ 服务优良：提供邮件跟踪服务，系统与平台完美对接，实现一站式操作。

（2）e 邮宝对邮件的重量、体积的限制如下。

① 重量限制：要求在 2 千克以内。

② 体积限制具体如下。

最大尺寸：单件邮件的长+宽+高≤90 厘米，最长边长度≤60 厘米；圆卷邮件直径的两倍+长度≤104 厘米，长度≤90 厘米。

最小尺寸：单件邮件的长度≥14 厘米，宽度≥11 厘米；圆卷邮件直径的两倍+长度≥17 厘米，长度≥11 厘米。

3．e特快

e特快（见图4-4）是中国邮政为适应跨境电子商务高端寄递需求而推出的一项快速类直发寄递服务，在内部处理、转运清关、落地配送、跟踪查询、尺寸规格标准等方面均有更高要求，是提高跨境电子商务企业发货效率，提升客户体验，协助店铺增加好评、增大流量的邮政物流商品。

图4-4　e特快

（1）e特快的特点如下。

① 性价比高：首重为50克，降低寄递成本。

② 快速、稳定：比e邮宝更快，时效更稳定。

③ 清关便捷：邮政EDI清关，安全快速。

④ 全程跟踪：提供全程物流跟踪信息，随时了解邮件状态。

（2）e特快对邮件的重量和体积的限制如表4-1所示。

表4-1　e特快对邮件的重量和体积的限制

通往国家（地区）	限重/千克	最大尺寸限制/米
日本、韩国、朝鲜、新加坡、印度尼西亚、菲律宾、巴基斯坦、泰国、马来西亚、斯里兰卡、沙特阿拉伯、乌兹别克斯坦、阿曼、阿联酋、英国、法国、荷兰、俄罗斯、白俄罗斯、加拿大、墨西哥、巴西、新西兰、南非、意大利、德国、比利时、爱尔兰、丹麦、保加利亚、捷克、芬兰、希腊、匈牙利、葡萄牙、瑞典、瑞士、挪威、克罗地亚等	30	标准1
印度	35	标准1
越南	31.5	标准1
波兰、西班牙、以色列、哈萨克斯坦、乌克兰、阿根廷	20	标准1
澳大利亚	20	标准4
美国	31.5	标准5

标准1：任何一边的尺寸都不得超过1.5米，长度和长度以外的最大横周合计不得超过3米。

标准2：任何一边的尺寸都不得超过1.05米，长度和长度以外的最大横周合计不得超过2米。

标准3：任何一边的尺寸都不得超过1.05米，长度和长度以外的最大横周合计不得超过2.5米。

标准4：任何一边的尺寸都不得超过1.05米，长度和长度以外的最大横周合计不得超过3米。

标准5：任何一边的尺寸都不得超过1.52米，长度和长度以外的最大横周合计不得超过2.74米

┃ 问题思考 ┃

某家具制造有限公司是一家开展跨境电子商务业务的企业，本周在全球速卖通上接到了4笔订单，分别销往叶卡捷琳堡、戈梅利、墨尔本和斯德哥尔摩。如果采用e特快的物流方式运输，请确定各笔订单的物流包裹的最大尺寸和重量。

4．中邮商业专线

中邮商业专线产品是中国邮政通过整合境内外优质渠道资源，针对不同国家和地区的特点设计推出的商业专线类产品，分为E速达（Smart Express）和e速宝（e-Courier）（见

图 4-5）两款。产品主要服务跨境电商平台、平台卖家及独立站等客户，采用商业清关模式，全程时效稳定，可为客户提供安全可靠的跨境寄递服务。通达全球 65 个国家和地区。

（1）e 速宝具有以下特点。

① 单件限重 2 千克。

② 针对跨境电子商务轻小件物品投递需求。

③ 中国邮政负责客户开发和境内运输，渠道商负责境内清关、国际运输、境外清关与投递。

④ 通过商业渠道在线发运系统建立订单，订单信息可以通过 Excel 批量上传；或通过与应用程序接口对接建立订单。

（2）中邮商业专线的服务优势如下。

① 按克计费，价格具有竞争力。

② 商业清关，时效稳定。

③ 适用商品范围广，可寄递带电商品。

④ 提供赔偿及退件服务。

5．国际（地区）特快专递

国际（地区）特快专递，简称国际 EMS，是中国邮政与各国（地区）邮政合作开办的中国大陆与其他国家和地区寄递特快专递（EMS）邮件的快速类直发寄递服务，可为用户快速传递各类文件资料和物品，同时提供多种形式的邮件跟踪查询服务。该业务与各国（地区）邮政、海关、航空等部门紧密合作，打通绿色便利邮寄通道。此外，中国邮政还提供保价、代客包装、代客报关等一系列综合延伸服务。

✳ 4.1.3 邮政物流的费用计算

1．邮政小包费用

邮政小包费用的相关计算公式如下：

$$挂号资费总额 = 标准资费 × 实际重量 × 折扣 + 挂号费（8 元）$$

$$平邮资费总额 = 标准资费 × 实际重量 × 折扣$$

【例 4-1】用邮政小包寄送 200 克的商品到韩国，假设当前折扣为 7 折，标准资费为 71.5 元/千克，计算所需资费。

解：平邮资费总额 = 71.5×0.2×0.7 = 10.01（元）

挂号资费总额 = 71.5×0.2×0.7+8 = 18.01（元）

2．e 邮宝费用

e 邮宝费用的相关计算公式如下：

$$e 邮宝总费用 = 处理费 + 总重量 × 标准资费$$

e 邮宝资费举例如表 4-2 所示。

表 4-2　e 邮宝资费举例

目的地	处理费/（元/件）	标准资费/（元/千克）	限重/千克
爱尔兰	30	85	2
奥地利	28	90	2
澳大利亚	19	85	2
法国	21	65	2
芬兰	25	95	2
荷兰	29	85	2
加拿大	19	86	2
卢森堡	25	90	2
匈牙利	25	80	2

注：（1）如果 e 邮宝规定某国家或地区有首重，则不足首重的包裹按照首重计算费用。

　　（2）本表所列资费仅供参考，以实际收寄计费为准。

【例 4-2】若用 e 邮宝将 2 千克的商品寄到法国，处理费是 21 元/件，首重是 50 克，标准资费为 65 元/千克，则总费用是 151（=21+2×65）元。

若用 e 邮宝将 45 克的商品寄到法国，则总费用是 24.25（=21+0.05×65）元。

3．e 特快费用

e 特快费用的相关计算公式如下：

$$e 特快总费用=首重运费+续重运费$$

续重运费中，不足 50 克的部分按照 50 克计算。e 特快资费举例如表 4-3 所示。

表 4-3　e 特快资费举例

目的地	首重运费/（元/50 克）	续重运费/（元/50 克）
英国	70	3
法国	100	2.5
西班牙	90	2.5
荷兰	95	2.5
墨西哥	120	5
巴西	115	5
阿根廷	90	5
澳大利亚	69	3
新西兰	45	3.5
南非	105	4
意大利	130	2.5
德国	90	2.5
比利时	100	3

续表

目的地	首重运费/（元/50克）	续重运费/（元/50克）
爱尔兰	130	3.5
丹麦	140	2.5
保加利亚	90	4
捷克	90	3
芬兰	130	3
希腊	130	2.5
匈牙利	130	2.5
波兰	120	3
葡萄牙	100	2.5
瑞典	160	3
瑞士	160	2.5
挪威	160	3
克罗地亚	90	3

注：本表所列资费仅供参考，以实际收寄计费为准。

【例4-3】若用e特快将200克的商品寄到英国，首重的标准资费为70元/50克，续重的标准资费为3元/50克，则总费用是79｛=70+3×[（200-50）÷50]｝元。

若用e特快将1 580克的商品寄到英国，则总费用是163｛=70+3×[（1 600-50）÷50]｝元。

4．e速宝费用

e速宝费用的计算方法同e邮宝。

5．EMS费用

EMS费用的相关计算公式如下：

$$运费=首重运费+[重量（千克）×2-1]×续重标准资费$$

针对长、宽、高三边中任一单边长度在60厘米以上（含60厘米）的邮件，还需要计算其体积重量，体积重量（千克）=长（厘米）×宽（厘米）×高（厘米）÷5 000。

【例4-4】若使用EMS将25.1千克的货物运送到日本，首重运费为180元，续重标准资费为40元/千克，则总费用为2 180[=180+（25.5×2-1）×40]元（备注：25.1千克超过了25千克，未超过25.5千克，按25.5千克计费）。EMS一般会在公布价的基础上给予折扣。

> 📖**实操拓展**
>
> 请根据本节学习的邮政物流内容，在网上选择一款重量为1～2千克的商品，查询相关物流企业的最新报价，针对5种邮政物流方式，计算该商品的邮政物流费用，完成表4-4，并给出你的总体评价。

表 4-4　邮政物流费用对比与评价

商品名称				发货地		
商品重量				目的地		
商品体积				备注		
序号	物流方式	重量限制	体积限制	时效性	费用	优缺点
1						
2						
3						
4						
5						
总体评价						

4.2　国际快递

国际快递是一种常见的跨境电子商务物流方式。国际快递公司通过自建物流网络，利用强大的信息系统和遍布世界各地的本地化服务，给客户带来良好的物流体验，但也存在价格高、特色专线快递未开通等劣势。本节从国际快递概述、四大国际快递公司、国际快递的费用计算等方面来介绍国际快递。

❋ 4.2.1　国际快递概述

1．国际快递的含义

国际快递是指在两个或两个以上国家（地区）之间进行的快递、物流业务。国家（地区）之间传递信函、商业文件及物品时，需通过国家（地区）之间的边境口岸和海关对快件进行检验放行。

2．国际快递的特点

国际快递具有以下特点。

（1）业务流程更加复杂，影响因素更多。国际快递包含国内快递业务的操作环节，又因为快件需要跨境流转，而必须办理进出口报关手续。

国际快递涉及面广，情况复杂多变，国际快递公司需要与不同国家和地区的货主、交通运输机构、商检机构、保险公司、银行或其他金融机构、海关、港口及各种中间代理商等打交道。同时，由于各个国家和地区的法律、政策规定的不同，贸易方式、运输习惯和经营做法的不同，金融货币制度的差异，加之政治、经济和自然条件的变化，国际快递的影响因素更多。

（2）交付速度更快。国际快递强调快速的服务，速度被视为整个物流行业的"生存之本"。国际快递运送一般在1～5个工作日内完成，地区内部快递的运送只要1～3个工作日。这样的交付速度，无论是传统的航空货运还是陆路运输都是很难达到的。

（3）过程更加安全可靠。国际快递送送自始至终都是在同一公司的内部完成的，各分公司操作规程相同，服务标准也基本相同，而且同一公司内部信息交流更加方便，其对客户的高价值、易破损货物的保护也会更加妥当，所以运输过程的安全性和可靠性也更高。

（4）"门到门"服务更方便。国际快递不仅涉及航空运输形式，还会通过其他运输形式进行末端配送，属于多式联运。它通过将服务由机场延伸至客户的仓库、办公桌，并对一般快递代为清关，真正实现了"门到门"服务，方便了客户。

（5）统一信息网络，反馈即时信息。国际快递采用了电子数据交换（Electronic Data Interchange，EDI）系统，为客户提供了更为便捷的网上服务。国际快递公司特有的全球计算机跟踪查询系统能为客户提供即时查询服务。

❋ 4.2.2 四大国际快递公司

四大国际快递公司分别是 DHL、UPS、FedEx 和 TNT。通过自有的团队和本地化派送服务，四大国际快递公司为买家和卖家提供了良好的物流体验，但与优质的服务相匹配的是较高的运输成本。

1. DHL

DHL（中外运敦豪国际航空快递有限公司）是德国邮递和物流集团（Deutsche Post DHL）旗下的公司，主要包括 DHL Express、DHL Global Forwarding、Freight 和 DHL Supply Chain 等业务部门。1969 年，DHL 开设了第一条从旧金山到檀香山的速递运输航线。

时效：一般 2～4 个工作日可送达。

优点：速度快，发往欧洲一般需要 3 个工作日，发往东南亚一般需要 2 个工作日；可送达国家（地区）的网点较多；物流信息更新较及时，解决问题的速度较快；对 21 千克以上的商品设有单独的大货价格，且发往部分地区的大货价格比国际 EMS 的报价还要低。

缺点：小货价格较高，还需要考虑商品的体积重量，对所运商品的限制也比较严格，拒收许多特殊商品。

2. UPS

UPS（UPS Express）在 1907 年作为一家信使公司成立于美国华盛顿州西雅图市，是世界较大的快递承运商与包裹递送公司。每天，UPS 都在世界上 200 多个国家和地区管理着物流、资金流与信息流。通过整合物流、资金流和信息流，UPS 不断开发供应链管理、物流和电子商务的新领域。

时效：一般 2～4 个工作日可送达。

优点：速度快、服务好，发往美国只需要 48 个小时，货物可送达全球 200 多个国家和地区；物流信息的更新速度快，遇到问题能够及时解决；提供在线发货、美国境内 100 多个城市上门取货服务。

缺点：运费较贵，要考虑物品包装后的体积重量，对托运物品的限制比较严格。

3. FedEx

FedEx（美国联邦快递）隶属于美国联邦快递集团（FedEx Corp.），是该集团快递运输业务的中坚力量。FedEx 为遍及全球的客户提供涵盖运输、电子商务和商业运作等的全面服务。作为一个久负盛名的企业品牌，FedEx 通过相互竞争和协调管理的运营模式，为客户提供一套综合性的商务应用解决方案。

时效：一般 2～4 个工作日可送达。

优点：发往中南美洲和欧洲的运费较有竞争力，发往其他地区的运费较高；物流信息更新快，网络覆盖范围广，响应速度快。

缺点：折扣比同类快递公司高 15% 左右，体积重量超过实际重量时按体积重量计算运费，对所运商品的限制较多。

4. TNT

TNT（TNT Express）总部设在荷兰的阿姆斯特丹。TNT 为超过 200 个国家和地区的客户提供邮运、快递和物流服务。利用遍布全球的航运与陆运网络，TNT 为全球客户提供"门到门""桌到桌"的文件和包裹快递服务。特别是在欧洲、亚洲和北美洲，TNT 可以针对不同客户需求，提供 9 点派送、12 点派送、次日派送、收件人付费快件等服务。TNT 在供应链管理方面经验丰富，为汽车、电子产品、快消品及生物制药等行业提供了包括仓储、运输、配送、流通加工、物流信息管理等在内的完整的供应链解决方案。

时效：一般 2～4 个工作日可送达。

优点：速度较快，发往西欧需要 3 个工作日左右；可送达国家或地区比较多；物流信息更新快；对问题响应及时。

缺点：需要考虑体积重量，对所运商品的限制较多。

✴ 4.2.3　国际快递的费用计算

1. 基本概念

（1）实际重量指货物包括包装在内的实际总重量。凡重量大而体积相对较小的货物用实际重量作为计费重量。实际重量包括实际毛重和实际净重。

（2）体积重量指因运输工具的承载能力（即能装载的货物的体积）有限，将货物体积折算成重量，也称为材积。

目前，国际快递体积重量的计算方法如下。

规则物品：长（厘米）×宽（厘米）×高（厘米）÷5 000=体积重量（千克）

不规则物品：最长（厘米）×最宽（厘米）×最高（厘米）÷5 000=体积重量（千克）

（3）计费重量通常是取实际重量与体积重量中的较大者。

【例 4-5】某跨境电子商务企业运送一件商品到德国的海外仓，该件商品有 3 个箱子，实际重量分别为 50 千克、400 千克和 300 千克，所有的箱子体积均为 122 厘米×102 厘米×150 厘米。

① 计算实际重量：50+400+300=750（千克）

② 计算每个箱子的体积重量：（122×102×150）÷5 000=373.32（千克）

每个箱子的体积重量按 373.5 千克计算，则总体积重量：373.5+373.5+373.5=1 120.5（千克）

③ 计算计费重量：373.5+400+373.5=1 147（千克）

（4）计费重量单位。四大国际快递公司常用的计费重量单位都是千克。相关标准如下。

① 一般 21 千克以下按首重、续重收费，总费用=首重费用+续重费用。

② 21 千克以下的货物，计费重量的最小单位为 0.5 千克，不足 0.5 千克的按 0.5 千克计费，超过 0.5 千克但不超过 1 千克的按 1 千克计费，以此类推。以第一个 0.5 千克为首重，以每增加一个 0.5 千克为续重。例如，1.67 千克就按 2 千克计费。通常首重费用比续重费用高。

③ 21 千克以上的货物一般直接按照 1 千克计费，多出 1 千克但不超过第二个 1 千克的计费重量要多加 1 千克。例如，34.1 千克要按 35 千克计费，34.9 千克也按 35 千克计费。

2．费用构成

（1）运费指根据适用运价计得的发货人或收货人应当支付的每批货物的运输费用。

（2）燃油附加费即国际快递公司收取的反映燃料价格变化的附加费。该费用以每吨多少金额或者以运费的百分比来表示。所有的燃油附加费都可以通过官网查询，如 DHL、UPS、FedEx、TNT 的官网上都显示有相对应的当月燃油附加费。燃油附加费一般会同运费一起打折。

（3）通常情况下，如果运送的货物本身就包装良好，或者只需要国际快递公司进行简单的包装、加固，国际快递公司一般不会收取包装费。对于一些贵重物品、易碎物品等需要特殊处理和额外包装的物品，国际快递公司会收取一定的包装费。如果运费有折扣，那么包装费一般不会打折。

（4）其他附加费。DHL、UPS、FedEx、TNT 四大国际快递公司都有其他类型的附加费用，如偏远地区附加费、更改地址费、大型包裹附加费、超长超重费、进口控制费等。

> ‖ **问题思考** ‖
>
> 请查询资料，了解四大国际快递公司的其他附加费包括哪些，具体如何收费。

3．计算方式

（1）重量在 21 千克以下的货物的费用计算方式如下。

① 按实际重量计费：实际重量>体积重量。

当需寄递物品的实际重量大于体积重量时，费用的计算公式为：

$$运费=首重运费+[重量（千克）×2-1]×续重运费$$

$$总燃油附加费=\{首重运费+[重量（千克）×2-1]×续重运费\}×当月燃油附加费费率$$

$$总费用=运费+总燃油附加费$$

$$=\{首重运费+[重量（千克）×2-1]×续重运费\}×（1+当月燃油附加费费率）$$

【例 4-6】 15 千克货品按首重的标准资费为 150 元、续重的标准资费为 28 元/千克、当月燃油附加费费率为 23.5%，则总费用为 1 188.07{=[150+（15×2-1）×28]×（1+23.5%）}元。

② 按体积重量计费：实际重量<体积重量。

先计算体积重量，然后按照下列公式进行计算。

运费=首重运费+[重量（千克）×2-1]×续重运费

总燃油附加费={首重运费+[重量（千克）×2-1]×续重运费}×当月燃油附加费费率

总费用=运费+总燃油附加费

=｛首重运费+[重量（千克）×2-1]×续重运费｝×（1+当月燃油附加费费率）

（2）重量在 21 千克以上的货物的运费计算公式如下。

总费用=计费重量×每千克运费×（1+当月燃油附加费费率）

【例 4-7】 一件货物的实际重量是 60 千克，体积重量是 67.2（60 厘米×80 厘米×70 厘米÷5 000）千克，所以计费重量是 68 千克。每千克运费为 23 元，当月燃油附加费费率为 23.5%，那么总运费是 1 931.54{=[68×23×（1+23.5%）]}元。

┃ 问题思考 ┃

某跨境电子商务企业准备寄一批针织服饰到英国，一共有 5 个包裹，每个包裹的尺寸均为 50 厘米×50 厘米×60 厘米，实际重量分别为 32 千克、32 千克、33 千克、32 千克、25 千克。该企业享受的 UPS 折扣为 6 折，试计算寄送该批商品的总费用。

说明：当月燃油附加费费率为 18.5%。71 千克以上商品的运费为 162 元/千克，100 千克以上商品的运费为 155 元/千克，300 千克以上商品的运费为 146 元/千克。

4.3 专线物流

物流企业利用跨境专线物流能够对到特定国家或地区的货物进行集中，以通过规模效应降低成本。专线物流的价格一般比国际商业快递的价格低，而在时效上，专线物流的时效较国际商业快递长，但比邮政物流短。本节从专线物流概述、专线物流的分类、专线物流的费用计算等方面来介绍专线物流。

❋ 4.3.1 专线物流概述

1. 专线物流的含义

专线物流指针对特定国家或地区推出的跨境专用物流线路，具有"五固定"特征，即物流起点、物流终点、运输工具、运输线路、运输时间基本固定。跨境电子商务物流专线主要包括航空专线、港口专线、铁路专线、大陆桥专线、海运专线及固定多式联运专线，如郑欧班列、中俄专线、渝新欧专线、中欧（武汉）冠捷班列、中英班列、国际传统亚欧航线等。

随着全球跨境消费需求的不断变化，现在也出现了单一货物品种的专线。例如，近几年来，平衡车、独轮车成为跨境电子商务的热销商品，为了满足此类带电商品的特殊配送需求，我国某物流平台就推出了平衡车美国专线。

本节谈论的跨境专线物流主要指通过航空包舱方式将货物运输到目的地，再通过合作物流商进行目的地配送的模式。

2．专线物流的特点

（1）时效短。专线物流企业拥有自主专线，可控性非常强，一般采取固定航班，所以淡旺季配送不会有很大的时效差别，相比国际邮政小包，时效较短。

（2）成本低。专线物流能够将大批量货物集中配送到特定的国家或地区，通过规模效应降低单位成本，服务比国际邮政小包更稳定，物流成本较国际快递低。

（3）安全性高。专线物流一般有额外赔偿和保险，目的地的合作物流商负责单件配送，配送距离相对较近，所以其丢包率低于国际邮政小包的丢包率。

（4）可追踪。目前，境内物流企业提供的专线物流服务都可以在境内获得目的地配送物流商的单号，实现从境内到境外妥投的全过程追踪。

（5）易清关。专线物流批量运输货物至目的地，对货物进行统一清关，并有专业人员跟进，这样就减少了清关过程中可能出现的问题，而且不需要买家处理清关环节，提升了买家体验，提高了清关效率。这是专线物流的显著优势，因为在其他跨境电子商务物流模式中，出现问题频率最高的往往是在清关环节。

（6）专线物流通达地区有限。只有物流体量较大的地区才有专线物流可以选择，但可供选择的专线物流方案会受到限制。同时，境内的揽件范围也相对有限，目前只有境内几个重点城市提供上门揽件服务，服务市场覆盖面有待扩展。

（7）可托运的商品有限。已开通跨境专线物流的公司，受航空运输方式的影响，仍然有大部分物品禁止托运。例如，有些专线物流目前仍然不能寄送带电池的电子商品及纯电池。指甲油、香水、打火机等跨境电子商务平台上的热销商品也属于专线物流暂不托运的物品。

3．业务流程

专线物流是某个城市到另一城市的直达运输，其业务流程如图4-6所示。

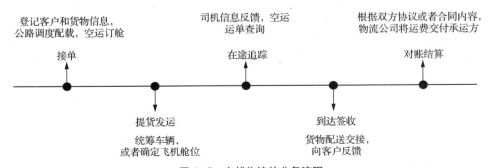

图4-6 专线物流的业务流程

✱ 4.3.2 专线物流的分类

1. 俄罗斯专线

从事淘宝网代购的俄罗斯网站的统计结果显示，从淘宝网购物的俄罗斯买家中只有20%来自莫斯科和圣彼得堡，而80%的买家来自俄罗斯其他地区，其中很大一部分买家来自日用商品供应有限的城镇郊区。俄罗斯边远地区的商品零售业只能满足当地1/3的市场需求。俄罗斯当地买家直接跨境网购比在俄罗斯本地购买更省钱，这也驱使更多俄罗斯买家选择网购。巨大的网络交易需求，促进了俄罗斯专线物流的繁荣，目前至少有10家俄罗斯专线物流服务商。相比而言，俄罗斯的包裹运送时间较其他国家更长，因为俄罗斯幅员辽阔，东西跨度达9 000多千米。下面以中俄航空俄速通专线、速优宝芬邮挂号小包为例来介绍俄罗斯专线。

（1）中俄航空俄速通专线，简称俄速通，是由黑龙江俄速通国际物流有限公司提供的中俄航空小包专线业务。俄速通是对俄跨境电子商务物流针对重量在2千克以下的小件包裹推出的对俄航空专线物流服务，采用全货包机形式，从哈尔滨直飞叶卡捷琳堡或者新西伯利亚，并将包裹交给俄罗斯邮政完成"最后一公里"派送，具有时效短、渠道稳定、经济实惠等特点。其流程如图4-7所示。俄速通的相关信息如表4-5所示。

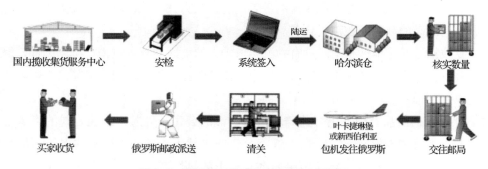

图4-7 俄速通对俄跨境电子商务物流的流程

表4-5 俄速通的相关信息

时效	80%以上的包裹25个工作日内到达，平均16~35个工作日到达俄罗斯全境 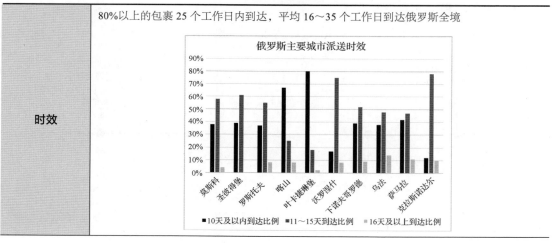

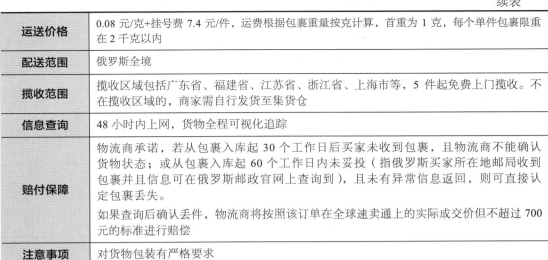

运送价格	0.08 元/克+挂号费 7.4 元/件，运费根据包裹重量按克计算，首重为 1 克，每个单件包裹限重在 2 千克以内
配送范围	俄罗斯全境
揽收范围	揽收区域包括广东省、福建省、江苏省、浙江省、上海市等，5 件起免费上门揽收。不在揽收区域的，商家需自行发货至集货仓
信息查询	48 小时内上网，货物全程可视化追踪
赔付保障	物流商承诺，若从包裹入库起 30 个工作日后买家未收到包裹，且物流商不能确认货物状态；或从包裹入库起 60 个工作日内未妥投（指俄罗斯买家所在地邮局收到包裹并且信息可在俄罗斯邮政官网上查询到），且未有异常信息返回，则可直接认定包裹丢失。 如果查询后确认丢件，物流商将按照该订单在全球速卖通上的实际成交价但不超过 700 元的标准进行赔偿
注意事项	对货物包装有严格要求

（2）速优宝芬邮挂号小包是由芬兰邮政与俄罗斯邮政合作通关的，针对重量在 2 千克以下的小物品推出的专线物流业务。它在配送时效方面比较有保证：一般情况下，俄罗斯全境的配送时间不会超过 35 个工作日。其相关信息如表 4-6 所示。

表 4-6　速优宝芬邮挂号小包的相关信息

时效	16～35 个工作日到达目的地
运送价格	114.2 元/千克+挂号费 7.8 元/件，运费根据包裹重量按克计算，每个单件包裹限重在 2 千克以内
配送范围	俄罗斯全境邮局覆盖区域
揽收范围	北京、深圳、广州（含番禺）、东莞、佛山、杭州、金华、义乌、宁波、温州（含乐清）、上海、昆山、南京、苏州、无锡、郑州、泉州、武汉、成都、葫芦岛兴城、保定白沟提供上门揽收服务，非揽收区域的商家可将货物自行寄送至揽收仓库
信息查询	提供国内段交航、包裹经由我国香港发出及目的地妥投等跟踪信息
赔付保障	包裹应自揽收或签收成功起 35 个工作日妥投至买家所在地邮局，因物流商原因未在承诺时间内妥投而引起的全球速卖通限时达纠纷赔款，由物流商承担赔偿责任（按照订单在全球速卖通上的实际成交价赔偿，最高不超过 300 元）

2．中东专线

中东地区的互联网普及率较高，人们跨境网购的热情也非常高。中东地区能成为较理想的跨境电子商务市场，一个很重要的原因就是物流和支付的顺畅。下面以 Aramex 为例来介绍中东专线。

Aramex 作为中东地区知名的快递公司，成立于 1982 年，是第一家在纳斯达克上市的中东地区公司，提供全球范围的综合物流和运输解决方案。Aramex 与中外运于 2012 年成立了中外运安迈世（上海）国际航空快递有限公司，提供一站式的跨境电子商务服务及进出口中的清关和派送服务。Aramex 的相关信息如表 4-7 所示。

表 4-7　Aramex 的相关信息

时效	在目的地无异常情况发生时，一般 4～16 个工作日送达目的地
运送价格	寄往中东、北非、南亚等国家及地区的价格具有显著优势，运费低至 EMS 公布价的 4 折，没有偏远地区附加费用
配送范围	阿联酋、印度、巴林、塞浦路斯、埃及、伊朗、约旦、科威特、黎巴嫩、阿曼苏丹国、卡塔尔、沙特阿拉伯、土耳其、孟加拉国、巴基斯坦、斯里兰卡、新加坡、马来西亚、印度尼西亚、泰国、肯尼亚、尼日利亚、加纳、以色列、利比亚、纳米比亚、赞比亚、南非等，且均为全境服务
揽收范围	上海佰首仓库、上海博丰仓库、杭州仓库、义乌仓库、深圳宝安仓库、温州仓库、青岛仓库、许昌仓库、广州仓库、东莞仓库、汕头仓库、江门仓库等
信息查询	可到 Aramex 官网查询物流信息
赔付保障	商业快递赔付标准：所有国际商业快递渠道商提供的服务均适用于华沙公约，对于货物破损、延误或丢件，最高每千克赔付 20 美元，结合申报金额，取较低者，最高赔付金额不超过 100 美元

3．欧洲专线

欧洲专线是跨境电子商务供应链中的重要一环，发展前景广阔。欧洲进出口贸易需求非常巨大，因此跨境电子商务物流成为推进贸易持续发展的重要保障。下面以中外运-西邮标准小包为例来介绍欧洲专线。

中外运-西邮标准小包是中外运空运发展股份有限公司联合西班牙邮政，针对全球速卖通商家的重量在 30 千克以内且申报价值≤15 英镑的货物，共同推出的"国际商业快递干线+末端西班牙邮政快递派送"的标准小包业务，运送范围为西班牙全境邮局覆盖地区。中外运-西邮标准小包的相关信息如表 4-8 所示。

表 4-8　中外运-西邮标准小包的相关信息

时效	正常情况下，20～25 个工作日可以实现妥投
运送价格	深圳、广州（含番禺）、佛山仓库发货，92.96 元/千克+挂号费 5.25 元/件；义乌、金华、上海、苏州、杭州、北京、宁波、温州仓库发货，87.96 元/千克+挂号费 5.25 元/件。运费根据包裹重量按克计算，首重为 1 克，每个单件包裹限重为 30 千克
配送范围	西班牙全境邮局覆盖区域
揽收范围	北京、深圳、广州（含番禺）、东莞、佛山、杭州、金华、义乌、宁波、温州（含乐清）、上海、昆山、南京、苏州、无锡、郑州、泉州、武汉、成都、葫芦岛兴城、保定白沟提供上门揽收服务，非揽收区域的商家可将货物自行寄送至揽收仓库
信息查询	提供出口报关、国际干线运输、进口清关及西班牙末端派送等关键环节的信息追踪和查询服务
赔付保障	境内段货物丢失或损毁由揽收服务商提供赔偿，境外段货物延迟配送（特殊情况除外）、丢失或损毁由物流商提供赔偿。物流商会按照订单在全球速卖通上的实际成交价进行赔偿，但最高赔偿额不超过 1 200 元

4．澳大利亚专线

中国电子商务的蓬勃发展带来广阔的市场前景，对澳大利亚的企业非常具有吸引力，同时也带来了中澳跨境电子商务物流的旺盛需求。澳大利亚地广人稀，普通包裹难以跟踪，配送效率较低，丢包率、破损率较高。这对物流商提出了更高的要求。下面以 UBI 智能包裹澳大利亚专线为例介绍澳大利亚专线。

UBI 智能包裹澳大利亚专线（UBI Smart Parcel AU Line）是利通物流为中国 eBay 商家量身定做的可接受实际重量在 30 千克以下的专线业务。UBI 作为澳大利亚邮政的代理商之一和包裹战略业务合作伙伴，也与澳大利亚邮政合作开发了专线商品。UBI 智能包裹澳大利亚专线的相关信息如表 4-9 所示。

表 4-9　UBI 智能包裹澳大利亚专线的相关信息

时效	行业首创直飞悉尼、墨尔本、布里斯班和珀斯等澳大利亚四大城市，5～8 个工作日可送达，准时配送率高达 96%
运送价格	运送价格包括取件服务价格和自送服务价格。客户选择揽收服务的，需要按照"UBI 取件服务价格"支付运费。单次货量未达到 5 件，需要额外支付 5 元揽收费用；单次货量达到 5 件，无须支付揽收费用。 自送服务价格：约 0.865 元/10 克。 取件服务价格：约 0.89 元/10 克。 首重为 50 克，不足 50 克的按照 50 克计费，单位计费重量为 10 克
配送范围	澳大利亚全境
揽收范围	广州、深圳、香港、义乌、上海、杭州收货点，或商家将货物自行寄送至以上收货点
信息查询	可全程跟踪并获取签收记录
赔付保障	货物丢失或者货物交给 UBI 后 20 个工作日没有尝试配送及澳大利亚离岸小岛 30 个工作日没有尝试配送（扣关时间不计算在内），UBI 将按照货值赔偿（最高赔偿额为 100 美元）

5．南美专线

快速增长的南美洲电子商务市场目前正面临巨大的瓶颈——物流。巴西、墨西哥等南美洲国家的基础设施相对落后，物流成本高。此外，南美洲国家众多且政策不一，不确定性较大。这些导致了其跨境电子商务物流配送难度增加。下面以无忧物流南美专线为例来介绍南美专线。

菜鸟网络推出无忧物流南美专线，获得了智利、墨西哥、哥伦比亚的国家邮政的大力支持，将有效地为智利、墨西哥、哥伦比亚的买家提供更高效、快捷的物流服务。随着无忧物流南美专线的开通，南美洲物流时效缩短了 50% 以上，最快 10 个工作日到达，为广大商家提供了优质的物流服务，服务覆盖超 2 亿南美洲消费者。无忧物流南美专线的相关信息如表 4-10 所示。

表 4-10　无忧物流南美专线的相关信息

时效	平均时效为 15 个工作日
运送价格	智利：104.5 元/千克+挂号费 7 元/件。 哥伦比亚：131 元/千克+挂号费 9.5 元/件。 墨西哥：92 元/千克+挂号费 9.5 元/件。 根据包裹重量按克计费，首重为 1 克，限重 2 千克
配送范围	智利、墨西哥、哥伦比亚全境邮局覆盖区域
揽收范围	深圳、广州、东莞、佛山、汕头、中山、珠海、义乌、金华、杭州、宁波、上海、苏州、无锡、北京、福州、厦门、泉州、青岛、温州（含乐清）、南京、长沙、武汉提供上门揽收服务，1 件起免费上门揽收。非揽收区域的商家可将货物自行寄送至集运仓库
信息查询	可全程跟踪
赔付保障	物流原因导致的纠纷退款，由全球速卖通承担，赔付上限为 800 元

4.3.3 专线物流的费用计算

专线物流的费用计算方法与国际快递的费用计算方法大致相似，但是首重比较小，续重计费单位重量也比较小，有限重，一般会收取挂号服务费。不同物流供应商会有不同的报价方式，有些是一口价（全包报价），有些没有首重要求，有些还需要考虑燃油附加费率等因素。专线物流价格会随着时间的推移而发生变化，具体价格以发货时的报价为准。不同的物流商和不同的专线物流都有价格差异，商家要根据实际需求，选择合适的专线物流方案。专线物流收费标准是按整批货物的实际重量和体积重量两者之中较高的一方计算的。其计算公式为：

专线物流费用=（配送服务费+燃油附加费）×折扣+挂号服务费

【例4-8】一位全球速卖通商家需要从境内寄送一个重量为45克的包裹和一个重量为580克的包裹至俄罗斯。他获得了速优宝芬邮挂号小包报价（见表4-11）和俄速通报价（见表4-12），燃油附加费率为11.25%。请问就物流费用而言，这位商家应选择哪条专线？

表4-11　速优宝芬邮挂号小包报价

国家列表	配送服务费/（元/千克），首重50克	挂号服务费/（元/件）
俄罗斯	114.2	7.8

表4-12　俄速通报价

国家列表	配送服务费/（元/千克）	挂号服务费/（元/件）
俄罗斯	80	7.4

解：（1）选用速优宝芬邮挂号小包。

45克包裹费用=（配送服务费+燃油附加费）×折扣+挂号服务费

$\qquad$ =114.2÷1 000×50×（1+11.25%）×100%+7.8≈14.15（元）

580克包裹费用=（配送服务费+燃油附加费）×折扣+挂号服务费

$\qquad$ =114.2÷1 000×580×（1+11.25%）×100%+7.8≈81.49（元）

（2）选用俄速通。

45克包裹费用=（配送服务费+燃油附加费）×折扣+挂号服务费

$\qquad$ =80÷1 000×45×（1+11.25%）×100%+7.4≈11.41（元）

580克包裹费用=（配送服务费+燃油附加费）×折扣+挂号服务费

$\qquad$ =80÷1 000×580×（1+11.25%）×100%+7.4=59.02（元）

综上所述，如果仅从物流费用而言，俄速通价格低于速优宝芬邮挂号小包价格，这位商家的两个包裹都可以选择俄速通进行寄送。

> **实操拓展**
>
> 请根据本节学习的专线物流的内容，在网络上选择一款重量为1～2千克的商品，查询相关物流供应商的最新报价，计算该商品的专线物流费用，完成表4-13，并给出总体评价。

表 4-13 专线物流的资费对比与评价

商品名称				发货地		
商品重量				目的地		
商品体积				是否属于 特殊商品		
序号	专线名称	重量限制	体积限制	时效性	运费	分析评价
1						
2						
总体评价						

4.4 国内快递公司的国际业务

近几年，国内快递公司纷纷开始积极布局和开拓国际市场，使国际业务成为其未来重要的利润增长点。本节从国内快递公司的国际业务概述、国内快递公司的国际业务类型等方面来介绍国内快递公司的国际业务。

4.4.1 国内快递公司的国际业务概述

国内快递公司的国际业务指国内快递公司利用国际快递网络，提供全国各地始发、通达世界各个国家或地区的国际快递服务。

为了抢占国际快递市场的先机，第一梯队的快递公司已经在行动了，如圆通收购先达国际、顺丰与 UPS 合作、申通布局俄罗斯、中通成立中通国际、百世快递建设海外仓等。

国内快递公司并非专注于跨境业务，因此其覆盖的境外市场比较有限，一则缺乏国际化空运网络资源，二则缺乏境外的地面物流网络，揽货能力不足，造成一些航线物流不完全对流。对此，国内快递公司的国际业务采取的主要方式是与当地知名物流企业或国家机构共同成立合资公司。相对于在境外自建物流网络体系或花巨资收购企业，这是一条捷径，既可以依托当地企业资源加速国际化航空、铁路、公路等网络建设，又能依托外资资源，发展地面物流网络。随着需求的增加，国内快递公司也开始在境外重点城市建立海外仓，提供更多的国际服务。

✳ 4.4.2　国内快递公司的国际业务类型

1．顺丰国际经济小包

顺丰国际经济小包是全球速卖通线上发货的物流方案之一，是顺丰针对订单金额在5 美元以下、重量在 2 千克以下的小件物品推出的专机空运服务。其相关信息如表 4-14 所示。

表 4-14　顺丰国际经济小包的相关信息

时效	正常情况下 15～35 个工作日到达目的地；特殊情况下 36～60 个工作日到达目的地，特殊情况包括但不限于自然灾害、罢工、节假日、偏远地区等
运送价格	运费根据包裹重量按克计算，每个单件包裹限重为 2 千克。具体价格可在顺丰官网上查询
配送范围	俄罗斯、爱沙尼亚、拉脱维亚、立陶宛、挪威、芬兰、瑞典、波兰、白俄罗斯、乌克兰等国家及地区全境邮局可到达区域
揽收范围	全境上门揽收
信息查询	仅能查询上门揽收至目的地的半程物流信息
赔付保障	货物自揽收或签收成功之日起 10 个工作日仍未交航发出视为境内段丢失，境内段丢失或损毁由物流商承担赔偿责任，境外段不予赔偿

2．顺友航空经济小包

顺友航空经济小包是由顺友物流推出的针对重量在 2 千克以内的小件商品的经济类物流业务，可配送带电商品和化妆品，限 5 美元以下的订单使用。其相关信息如表 4-15 所示。

表 4-15　顺友航空经济小包的相关信息

时效	正常情况下 15～35 个工作日到达目的地；特殊情况下 36～60 个工作日到达目的地，特殊情况包括但不限于自然灾害、节假日、偏远地区等
运送价格	运费根据包裹重量按克计算，无首重限制，每个单件包裹限重在 2 千克以内。具体价格可在顺友航空官网上查询
配送范围	全球 163 个国家及地区全境邮局覆盖区域
揽收范围	北京、深圳、广州（含番禺）、东莞、佛山、杭州、金华、义乌、宁波、温州（含乐清）、上海、昆山、南京、苏州、无锡、郑州、泉州、武汉、成都、葫芦岛兴城、保定白沟提供免费上门揽收服务，揽收区域之外的商家可以自行发货到指定揽收仓库
信息查询	提供境内段收寄、封发、交航、到达和离开顺友全球转运中心、航班到达目的国或地区、目的国或地区邮政收货（澳大利亚、比利时、加拿大、瑞士、德国、西班牙、法国、英国、爱尔兰、意大利、墨西哥、荷兰、新西兰、波兰、瑞典、土耳其、美国等）等跟踪信息
赔付保障	货物自揽收或签收成功之日起 10 个工作日仍未交航发出视为境内段丢失，境内段丢失或损毁由物流商承担赔偿责任，境外段不予赔偿

3．4PX 新邮挂号小包

4PX 新邮挂号小包是由新加坡邮政在中国合法代理——递四方速递公司推出的针对重量在 2 千克以内的小件商品的空邮业务，可配送带电商品。其相关信息如表 4-16 所示。

表 4-16 4PX 新邮挂号小包的相关信息

时效	正常情况下 15～35 个工作日到达目的地，特殊情况除外，特殊情况包括但不限于不可抗力、海关查验、政策调整及节假日等
运送价格	运费根据包裹重量按克计算，首重为 1 克，每个单件包裹限重在 2 千克以内。具体价格可到官网查询
配送范围	覆盖全球 249 个国家或地区
揽收范围	深圳、义乌、上海、广州、厦门提供上门揽收服务，非揽收区域的商家可自行将货物寄送至揽收仓库
信息查询	提供境内段交接、包裹经从新加坡发出及目的地妥投等跟踪信息
赔付保障	若邮件丢失或损毁，将提供赔偿

 行业观察

物流业的浙商精神

在移动互联网和跨境贸易全球化的浪潮之下，物流业发生巨大变化，传统货运代理行业面临去产能的深刻变革。同时，一些头部跨境物流服务商逐渐涌现。

申通作为曾经通达系物流业的"一哥"，在价格战中的反应速度稍慢，因此陷入了赢利较难的困境；在战略转型方面，其技术和模式都没有快速到位，而且加盟的直营运转中心屡屡出现问题。这些因素共同导致了申通"掉队"。面对新的利润增长点——跨境物流，申通快速反应，积极布局，力争在新的蓝海市场中分得一杯羹。据了解，申通国际成立于 2013 年，是申通快递在境外和跨境物流领域的独家代理，致力于为全球跨境电子商务企业提供专业的跨境物流供应链服务。截至目前，申通国际已在全球 70 多个国家和地区建立了超过 200 个网点。

申通国际于 2016 年开通了中国至欧洲的包机；2017 年，申通国际开启全球仓配业务；2018 年，申通国际推出覆盖全国的首公里包裹揽收分拨服务平台，相继与亚马逊、eBay、阿里巴巴、Wish 等主流跨境电子商务平台达成合作，并与北欧邮政、比利时邮政、马来西亚邮政和新西兰邮政等境外区域快递物流服务商达成战略合作。

目前，申通国际已经在美国、欧盟、澳大利亚、英国、泰国、日本、韩国等国家及地区拥有了海外仓配送服务能力，同时开通了以中美、中欧、中日等线路为核心的全球双向进出口专线，在国内建设开通了 22 个进出口口岸。

在中国快递史上，桐庐是一个绕不过去的名字。在过去的近 30 年时间里，这里成了中国快递的摇篮，缔造了"三通一达"四家快递业上市公司。如今广为人知的快递品牌领头人——申通的陈德军、韵达的聂腾云、圆通的喻渭蛟、中通的赖梅松等从这里呼啸而起，带着其特有的朴实与智慧，一路前进。"坚忍不拔的创业精神，敢为人先的创新精神，兴业报国的担当精神，开放大气的合作精神，诚信守法的法治精神，追求卓越的奋斗精神"，新时代的浙商精神也在激励着物流企业在跨境贸易全球化的浪潮下不断更新变革，再创民营经济新优势。

【拓展讨论】请搜集资料，全面了解传统物流业布局跨境电子商务物流的案例，并谈一谈你的看法。

测试与思考

1. 简答题

（1）简述国际快递的特点。

（2）简要分析邮政物流、国际快递、专线物流的优劣势。

（3）万国邮联为什么会出现？

2. 单选题

（1）国际快递是指在（　　）国家（地区）之间所进行的快递、物流业务。

    A. 两个或两个以上　　　　　　　　B. 两个以上

    C. 两个　　　　　　　　　　　　　D. 特指一个

（2）四大国际快递公司不包括（　　）。

    A. UPS　　　　　　B. FedEx　　　　　C. DHL　　　　　D. SF EXPRESS

（3）中国邮政推出的邮政物流商品中，通邮范围最广的是（　　）。

    A. e邮宝　　　　　B. e特快　　　　　C. 邮政小包　　　D. e速宝

（4）以下适合使用e邮宝的是目的国为（　　）的货物。

    A. 日本　　　　　　B. 美国　　　　　　C. 瑞士　　　　　D. 俄罗斯

（5）以下不收取燃油附加费的是（　　）。

    A. FedEx　　　　　B. EMS　　　　　　C. TNT　　　　　D. DHL

（6）专线物流具有的劣势为（　　）。

    A. 价格高　　　　　B. 揽件范围有限　　C. 丢包率高　　　D. 效率差

（7）专线物流适合（　　）的货物。

    A. 价值高　　　　　B. 时效要求高　　　C. 多批次　　　　D. 小批量

（8）DHL、UPS、FedEx、TNT四大国际快递公司对重量在21千克以下的货物按照每（　　）计费。

    A. 克　　　　　　　B. 斤　　　　　　　C. 千克　　　　　D. 0.5千克

3. 判断题

（1）国际e邮宝属国际专线的物流方式之一。（　　）

（2）专线物流报价较为固定，其影响因素较少。（　　）

（3）同国际快递相比，邮政物流是比较经济的物流商品。（　　）

（4）中国邮政集团公司即中国邮政管理局，两者只是称谓不同。（　　）

（5）万国邮政联盟的英文缩写为UPS。（　　）

（6）国际快递的业务流程其实和国内快递的业务流程是一样的。（　　）

（7）实际重量是指一批货物包括包装在内的实际总重量。（　　）

（8）DHL、UPS、FedEx、TNT四大国际快递公司对重量在21千克以上的货物按照每千克计费。（　　）

（9）国际快递业务必须要收取包装费用。 （　　）

（10）对于 DHL、UPS、FedEx、TNT 四大国际快递公司的快递业务，当实际重量大于体积重量时，计费重量为实际重量。 （　　）

（11）专线物流在目的国或地区容易出现"最后一公里"运送延误问题。 （　　）

（12）专线物流之所以价格低廉，主要是因为其通过陆路运输。 （　　）

（13）跨境电子商务物流专线商品持续减少。 （　　）

（14）我国目前开通的主要跨境电子商务物流专线是中东专线。 （　　）

（15）专线物流的费用计算与航空快递的费用计算方式相同。 （　　）

4．案例分析题

小明是一名大三学生，最近他向美国纽约大学（邮编为 10012）提交了留学申请。按照学校规定，他需要向学校寄一封附笔（Postscript），重量为 0.1 千克。他准备选择一家既便宜、速度又快的国际快递公司。请问他应该选择哪一家快递公司？为什么？

第 5 章

海外仓

🛒 本章导入

海外仓新风口来了，你准备好了吗？

作为一种新业态，跨境电子商务在获得机遇的同时，也面临着新挑战。就目前来看，不太成熟的物流体系与迅猛发展的跨境电子商务不匹配，物流已经成为制约跨境电子商务发展的瓶颈和最大痛点。

而海外仓是跨境电子商务物流的"解痛药"。相比于直发跨境包裹时效长、破损率高、旺季拥堵等诸多弊端，海外仓能成功地避开这些问题，给予买家更优质的物流体验。对于跨境电子商务来说，海外仓俨然已经成为供应链中最重要的环节之一。

海外仓可以帮助商家为买家提供本土化、多样化的境外服务。把海外仓变成商家在境外的触角，可以大大提高商家的知名度，使其商品和品牌升级成为可能。正是因为海外仓模式的先天性优势，投资海外仓已经成为各大商家的共识。

思考：1. 海外仓是如何运作的？

   2. 怎样管理才能高效地解决跨境电子商务物流的痛点？

   3. 建设海外仓会面临哪些问题？

学习导航

小节内容	职业能力目标	知识要求	素养目标
5.1 海外仓概述	能准确掌握海外仓的含义和优缺点	1. 掌握海外仓的含义 2. 掌握海外仓的分类 3. 熟悉海外仓的功能 4. 了解海外仓的优缺点	1. 办事果断，勇于承担责任，能及时、妥善地处理问题，具有一定的应变能力，处理问题干净利落 2. 学习和掌握相关政策规定，不断增强法律意识，用法律武器维护企业的合法权益 3. 善于搜集相关信息，准确把握信息的价值性、准确性、可用性和时效性
5.2 海外仓选品	能准确掌握海外仓选品的思路，针对不同类型的企业进行海外仓选品	1. 熟悉海外仓选品的含义和定位 2. 熟悉海外仓选品的思路	
5.3 海外仓的费用结构	能准确计算海外仓的各项费用	1. 掌握海外仓的费用结构 2. 掌握头程费用、处理费、仓储费的计算方法 3. 掌握尾程运费的计算方法 4. 了解海外仓的税金构成	
5.4 海外仓服务	熟悉海外仓服务	1. 熟悉海外仓的选择与增值服务 2. 了解海外仓商品的前台展示与服务规范	

知识与技能

5.1 海外仓概述

海外仓是由物流企业、跨境电商平台或大型跨境电商卖家在境外建设或租用，并运营的数字化、智能化仓储设施。它是跨境电商的重要节点，属于新型外贸基础设施，是外贸新业态的重要组成部分。自诞生开始，海外仓就不单是在境外建仓库，而是一种对现有跨境电子商务物流方案的优化与整合。本节的内容包括海外仓的含义、海外仓的分类、海外仓的功能和海外仓的优缺点。

✳ 5.1.1 海外仓的含义

海外仓的本质就是将跨境贸易"本地化"，提升买家的购物体验，从而增强跨境电子商务企业在目标市场的竞争力。

海外仓的运作流程如图5-1所示。

（1）商家下单。商家在海外仓服务官网上下单，与海外仓服务商进行对接。

（2）货物揽收。对接完成后，海外仓服务商会到商家处进行揽货，并将货物运输至海外仓服务商的集货仓。

跨境电子商务物流（第3版 慕课版）

图 5-1　海外仓的运作流程

（3）复查操作（录入商品信息、提交入库）。在海外仓模式下，海外仓服务商的工作人员会对货物进行一系列复查工作（如重量复秤、体积复量、商品复查、商品分拣、商品贴标、货物打包等）。

（4）出口报关。完成复查工作后，工作人员会将货物装箱，进行出口报关，此时需要商家提供公司材料、商品相关证书等报关资料。

（5）选择配送方式。商家选择海运、空运或其他头程运输配送方式。

（6）发货至海外仓。货物顺利报关运输至目的港后，还需要进行进口清关，海外仓服务商会预先支付一部分税金并代理清关。若货物符合目的地的清关规定，则该货物会被放行离港，并由海外仓服务商运输至海外仓。

（7）海外仓操作（商品入库、清点上架）。货物抵达海外仓后，海外仓工作人员会进行一系列工作（如商品入库、清点上架、拆箱服务、仓储服务、贴标服务、平台预约等）。

（8）尾程物流（仓库自主发货）。一旦买家下单，则相关商品将由海外仓工作人员分拣给运输人员，并由当地的运输体系派送至买家手中。尾程物流需要商家自行选择，建议商家对当地的物流成本、配送距离和有效库存进行综合考虑，选择优质的配送服务。

📖**案例拓展**

拼多多 Temu 的海外仓布局

"Team Up，Price Down"，拼多多旗下的跨境电商 Temu 以其简短的标语风靡海外市场。在如此激烈的电商竞争中，Temu 以破冰者之势，适应全球普遍需求，高度整合了供应链，以高效运转的生态控制力、森严的价格壁垒、灵活的组织架构占领了先机。

灵活演进的业务模式驱动了 Temu 的增长。2022 年 9 月，Temu 开启"全托管模式"，直接连接工厂与消费者，砍掉中间商，让利给每一位精明的购物者。以 Temu、速卖通、SHEIN、TikTok Shop 为代表的跨境电商平台，依靠全托管、极致的性价比等优势，在海外迅速崛起，并称为出海"四小龙"。

2024 年 3 月，Temu 再出新招，"半托管"业务上线，覆盖美国、加拿大等 9 个国家或地区，让全球消费者享受到更快捷、更丰富的购物体验。这意味着 Temu 的供应商范围，从国内供应链商家，扩大到了海外成熟的跨境买家。与"全托管"相比，"半托管"

给予商家更灵活的物流选择，允许商家自行负责仓配物流。在"全托管模式"下，Temu一手掌控供应链，确保品质；"半托管模式"则携手本土卖家，提升配送速度，丰富商品选择，让成本效益和平台多样性双丰收。Temu 与传统跨境电商的业务模式对比，如图 5-2 所示。

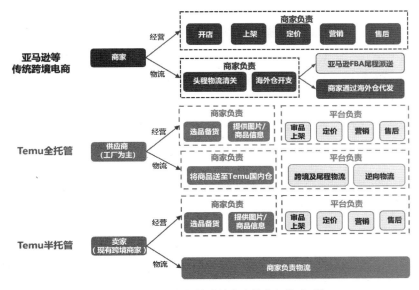

图 5-2　Temu 与传统跨境电商的业务模式对比

对于希望在 Temu 布局业务的海外仓来说，全球网络布局能力是基础。一个拥有广泛覆盖网络的海外仓能够在不同地域迅速响应 Temu 的业务需求，确保商品能够快速送达全球消费者手中，提升卖家满意度，为自身在 Temu 平台的业务布局打下坚实基础。

全链路供应能力是海外仓布局 Temu 的另一个关键因素。从头程运输到尾程配送，每一个环节都需要紧密衔接、无缝配合。拥有自己的头程资源和稳定高效的尾程渠道的海外仓，能够确保 Temu 订单的处理简单高效，帮助业务快速拓展，抢占市场先机，赢得更多市场份额。

此外 Temu 的海量 SKU、汹涌的订单和庞大的卖家群体，对其合作的海外仓智能化水平提出了严苛要求。智能化意味着拥有先进的设备和完善的系统。设备化提高货物处理效率和精准度，而系统化则是海外仓布局 Temu 的关键。

综上所述，只有具备全面的全球网络布局、强大的全链路供应能力以及高度智能化水平的海外仓，才能够适应 Temu 的发展速度，为卖家提供优质服务，为自身创造丰厚利润，并以 Temu 为平台实现可持续发展。

✳ 5.1.2　海外仓的分类

从经营主体来划分，海外仓主要分为商家自营海外仓、第三方公共服务海外仓和平台海外仓。

（1）商家自营海外仓。商家自营海外仓是指由跨境出口电子商务企业建设并运营的海外仓库，其仅为本企业销售的商品提供仓储、配送等物流服务。在该海外仓模式下，整个跨境电子商务物流体系是由跨境出口电子商务企业自身控制的。

（2）第三方公共服务海外仓。第三方公共服务海外仓是指由第三方物流企业建设并运营的海外仓库，可以为众多的跨境出口电子商务企业提供清关、入库、质检、接收订单、订单分拣、多渠道发货、后续运输等物流服务。在该海外仓模式下，整个跨境电子商务物流体系是由第三方物流企业控制的。

（3）平台海外仓。平台海外仓是指依托平台建立的仓储配送物流体系。以亚马逊 FBA 仓为例，亚马逊 FBA 仓是亚马逊提供的包括仓储、拣货打包、派送、收款、客服与退货处理的一条龙式物流服务。亚马逊 FBA 仓的物流水平是海外仓行业内的标杆。

> **📖案例拓展**
>
> ## 中邮海外仓
>
> 中邮海外仓（China Postal Warehousing Service，CPWS）是中国邮政开设的海外仓配一体化服务项目，服务内容包括境内仓库接发操作、国际段运输、仓储目的国（地区）进口清关/仓储/配送及个性化增值服务等。中邮海外仓是整合国际邮政渠道资源、专业运营团队和信息系统而推出的安全、稳定、高效的海外仓商品，为客户提供优质的跨境电子商务物流解决方案。
>
> 中邮海外仓现已开办美国仓、澳大利亚仓、德国仓和英国仓，后期将陆续开办日本仓、俄罗斯仓、巴西仓等。
>
> 中邮海外仓的相关费用主要产生在 3 个环节：头程物流转运费、仓租与订单操作费及出库配送费。另外，根据货品清关要求与客户的个性化需求，中邮海外仓会收取合理的关税代垫费与其他增值服务费。图 5-3 所示为中邮海外仓的费用结构与发货流程。
>
>
>
> 图 5-3　中邮海外仓的费用结构与发货流程
>
> **【思考】**请搜集资料，谈一谈你所了解的海外仓。

✳ 5.1.3 海外仓的功能

海外仓作为国际运输的重要节点和国内运输或配送的起点，随着国际贸易进程的深入，其功能也在不断丰富。

1．代收货款功能

跨境交易存在较大的风险，因此为降低交易风险和解决资金结算不便、不及时的难题，在合同规定的时限和佣金费率下，海外仓服务商在收到货物的同时可以提供代收货款等增值服务。

2．拆包拼装功能

在一般跨境电子商务 B2C 模式下，订单数量相对较小，订单金额相对较低，频率较高，具有长距离、小批量、多批次的特点，因此为实现运输规模效应，可对零散货物实行整箱拼装运输。货物到达海外仓之后，由仓库将整箱货物进行拆箱，同时根据客户订单要求，为地域环境集中的客户提供拼装业务，进行整车运输或配送。

3．保税功能

当海外仓经海关批准成为保税仓时，其功能和用途更为广泛，可简化海关通关流程和相关手续。同时，企业在保税仓可以进行转口贸易，以海外仓所在地为第三国或地区，连接卖方和买方，这种方式能够有效躲避贸易制裁。保税仓还提供简单加工等增值服务，能有效丰富海外仓的功能，帮助企业增强竞争力。

┃ 问题思考 ┃

请谈一谈海外仓与保税仓的区别。

📖 案例拓展

易云仓的海外分销代发货

深圳较知名的 D 企业主营 LED 灯管批零销售，在行业内有近 10 年的销售经验。LED 灯管主要销往美国和欧洲，原先是通过传统贸易形式进行批发。D 企业为了满足市场需求，开展跨境电子商务业务，将线上、线下销售模式相结合，并在亚马逊上设有多个店铺。

在得知易云仓可以帮助其在境外分销代发货，并且能省去自己在海外建仓的一系列费用后，D 企业决定使用第三方公共服务海外仓模式，以降低物流运输成本。D 企业首先让易云仓的物流顾问根据货物尺寸规格结合头程的货量和主要销往地点制定定制化物流方案，再根据实际客户的需求选择时效短或价格低的快递服务，进而开拓了多种渠道，满足了各类消费者的需要。

【思考】请比较这种模式的优势和劣势。

✸5.1.4　海外仓的优缺点

1．海外仓的优点

（1）可以大大降低物流成本。以发货为例，企业批量从境内发货至海外仓，然后从海外仓采用当地快递配送至客户手中，所需费用远比一单单地从境内直接发货给客户少。一单单发货，如果碰到客户退换货物的问题，就会非常棘手，来回的费用多得难以想象。如果使用海外仓，就可以避免高昂的国际物流成本。

（2）可以有效避免物流高峰。以节日为例，在大多数节假日会有大量货物待发，囤积的货物会严重影响国际物流商的运转操作，从而影响派送时效，进而影响客户的收件时间。如果使用海外仓，商家就可以预估销售量，提前将货物发至海外仓，避免因物流通道堵塞而造成的麻烦。

（3）可以清晰管理、清点货物。以订单为例，每笔订单的录入、录出，库存的清点和盘查，都是非常耗时、耗力、耗资的，这会增加成本，降低利润。如果使用海外仓，就可以省去相关支出。海外仓配有仓库管理人员，他们经验丰富，可做到实时监控；还配有专业高效的系统，操作简单，省时、省心、省力。

（4）提高商品的曝光率。如果商家在境外有自己的仓库，那么当地的客户在购物时，一般会优先选择当地发货，因为这样可以大大缩短收货时间。使用海外仓也能够让商家打造自身的独特优势，从而提高商品的曝光率及店铺的销量。

（5）可以提高客户满意度。海外仓极大地增强了物流的时效性，不仅能够得到客户的青睐，提高客户满意度，也能为商家节省运输成本，减少损失。

2．海外仓的缺点

（1）必须支付海外仓仓储费。海外仓仓储费用因海外仓所在地不同而不同。商家在选择海外仓的时候一定要准确计算成本，并与自己目前使用的发货方式所需要的成本进行对比。

（2）必须要有一定的库存量。海外仓要求商家要有一定的库存量，因此特别定制的少量商品不适合使用海外仓模式。

（3）库存压力大，资金周转不便。销量不理想或存货量预测不准会导致货物滞销。货物一直积压在海外仓中，就会持续产生仓储成本，除了导致库存压力增加外，还会使商家的资金周转不便。

（4）海外仓服务商的本土化服务和团队管理是难题。商家要采用完全当地化的手段和思维来管理团队。

5.2　海外仓选品

海外仓选品对于商家来说具有非常重要的作用。本节将从海外仓选品的含义和定位、海外仓选品的思路来介绍海外仓选品。

✤ 5.2.1　海外仓选品的含义和定位

1．含义

海外仓选品是指商家选择适合在海外仓模式下销售的商品，且商品符合当地买家的购物习惯及满足当地的市场需求。对于海外仓选品，不同的商家有不同的策略。有的商家倾向于大尺寸、大重量的商品，有的商家倾向于时效要求比较高的商品，还有的商家倾向于结构复杂、对售后要求比较高的商品。

2．定位

并不是所有的商品都适合使用海外仓，跨境电子商务企业要对市场有一个预判，选择合适的商品进入海外仓。

海外仓选品的具体定位如图 5-4 所示。

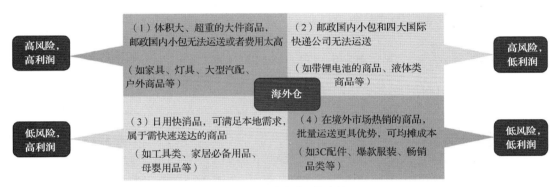

图 5-4　海外仓选品的定位

图 5-4 左侧的品类是高利润的品类，比较适合进入海外仓。其中，"高风险，高利润"的品类最适合进入海外仓。图 5-4 右侧的品类是低利润的品类，不太适合进入海外仓，特别是3C 配件这种"低风险，低利润"的商品。

> 📖**案例拓展**
>
> ### 数十万元商品被滞留在亚马逊仓库
>
> 2015 年年底，由于发生了一系列 hover boards 品牌的双轮平衡车着火事件，亚马逊要求该平衡车的厂商提供安全认证，并且下架了部分商品。之后，亚马逊对此类商品的管控更加严苛。出于安全考虑，亚马逊将其网站上 97% 的平衡车商品下架了。
>
> 很不巧的是，某平衡车商家通过海运方式入仓了 1 000 多件商品，原计划一个月左右可以卖完，最后全部被下架，而且无法提供相关检测报告与资质。就这样，数十万元商品被滞留在亚马逊仓库。

✤ 5.2.2　海外仓选品的思路

海外仓选品的思路主要从以下 4 个方面来构建。

1．确定在哪个国家或地区建立海外仓

跨境电子商务企业在境外建仓的时候要选择可以覆盖周边市场的地方，如在美国建仓可以覆盖加拿大，在英国、法国、德国、西班牙和意大利5个国家中的任意一个国家建仓均能覆盖欧洲。如果想专门在某一个国家或地区进行销售，则可以通过数据工具（如全球速卖通中的行业情报等）帮助进行海外仓选址，具体操作如下。

（1）登录全球速卖通网站，打开"数据纵横"菜单，在左侧导航栏中选择"行业情报"，如图5-5所示。

图 5-5　使用"行业情报"数据工具

（2）选择类目和时间范围，如图5-6所示。

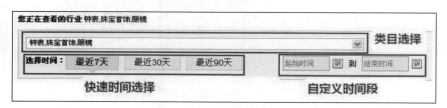

图 5-6　选择类目和时间范围

（3）查看"TOP 行业排行榜"，排序类别包括行业热卖、购买率、竞争力，其中，行业热卖的排序依据为按订单占比进行排序，如图5-7所示。

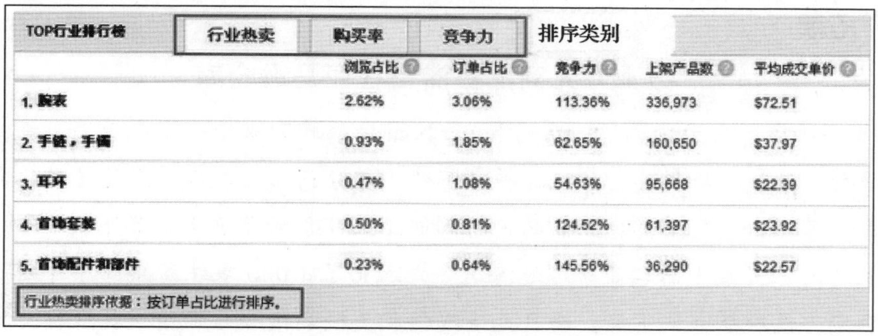

TOP行业排行榜	行业热卖	购买率	竞争力	排序类别	
	浏览占比	订单占比	竞争力	上架产品数	平均成交单价
1. 腕表	2.62%	3.06%	113.36%	336,973	$72.51
2. 手链，手镯	0.93%	1.85%	62.65%	160,650	$37.97
3. 耳环	0.47%	1.08%	54.63%	95,668	$22.39
4. 首饰套装	0.50%	0.81%	124.52%	61,397	$23.92
5. 首饰配件和部件	0.23%	0.64%	145.56%	36,290	$22.57
行业热卖排序依据：按订单占比进行排序。					

图 5-7　查看 TOP 行业排行榜

（4）查看行业趋势，了解某个行业在一段时间内的浏览占比、订单占比、竞争力、上架产品数、平均成交单价等，还可以任意选择另外两个行业进行比较，对比不同行业的数据指标，如图5-8所示。

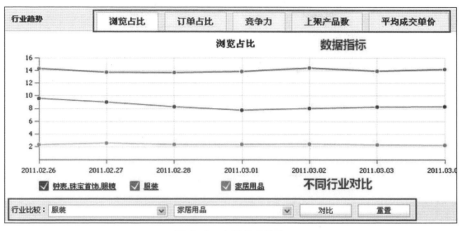

图 5-8　查看行业趋势

（5）查看某个行业的"买家地域分布"，以确定海外仓的选址，如图 5-9 所示。

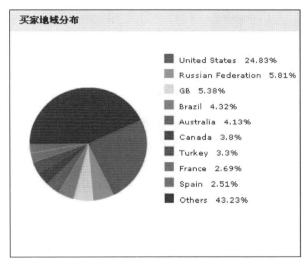

图 5-9　查看买家地域分布情况

2．了解当地买家的需求

了解当地买家需求的，相关渠道如下。

（1）在 Google insight for search 上，商家可以查询相关商品关键字的境外搜索热度分布和搜索量排序，分别如图 5-10 和图 5-11 所示。

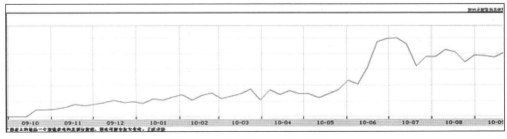

图 5-10　查看境外搜索热度分布

图 5-11　查看境外搜索量排序

（2）在 Google Adwords 上，商家可以查询关键字和相关关键词的搜索量，找到热卖品类，如图 5-12 所示。

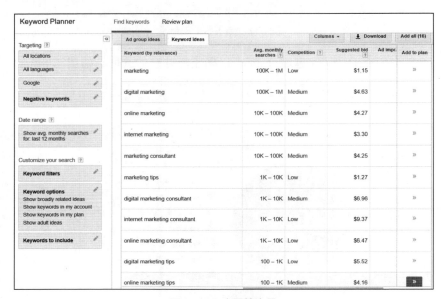

图 5-12　查看搜索量

（3）在 eBay Pulse 上，商家可以查看在美国 eBay 35 个大类目下被搜索次数最多的前 10 个关键字，同理，进入某个大类目下，可以查看二级、三级、四级等类目下被搜索次数最多的前 10 个关键字，如图 5-13 所示。

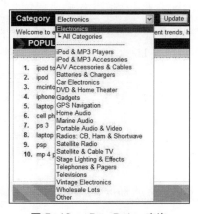

图 5-13　eBay Pulse 查询

（4）在 Watch Count 上，商家可以查看在 eBay 各站点中关注度最高的商品，如图 5-14 所示。

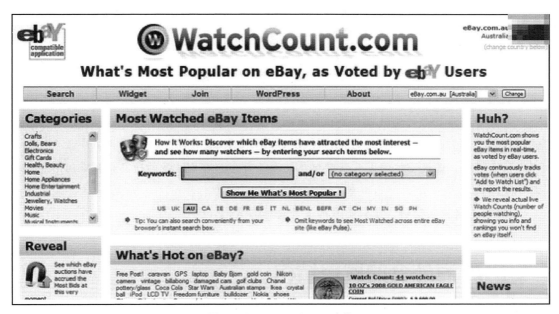

图 5-14　Watch Count 查询

3. 在国内寻找类似商品，进行海外仓选品

海外仓选品的参考指标包括商品的单个销量、单个到仓费用、单个毛利及毛利率、月毛利、成本收益率等，商家可以根据自身实际情况确定上述指标的具体数值。

4. 运用数据工具进行海外仓选品

海外仓选品主要参考热销词、热搜词及搜索词分析中的飙升词。

以全球速卖通为例，商家可以下载"数据纵横"中"选品专家"的具体数据，关注"一大两小"商品。"一大两小"指成交指数大、购买率排名小、竞争指数小。

📖**案例拓展**

海外仓合理选品，规避滞销风险

子不语公司是一家专注于服装销售的公司。服装是一种季节性强、生命周期短的商品，一般是不适合作为海外仓选品的，但子不语公司对商品进行了合理的选择，规避了滞销风险，使得公司的海外仓销售额非常可观。

子不语公司在进行海外仓选品时，只要商品在直发方面表现良好、转化率高（一般是公司的热销商品），就会立即少量备货至海外仓进行测款，一般 1～2 周即可进入海外仓进行销售测试；对于一些主观判断的潜力新品，也会进行少量测试。同时，该公司严格把控商品的质量（通过商品评分进行评估）。

在选品上，该公司通常是这样操作的。

- 尽量选择经典款和大众款，此类商品需求量大且稳定，更加适合进入海外仓。
- 对于季节性商品，公司已经有完善的历史数据支持，可以提前2~3月布局对应商品的开发、上架、销售、入仓等。
- 不同国家或地区的服装风格有很大的差别，需要针对不同的市场做定向的商品开发及海外仓布局。
- 服装的变体很多，在测试阶段先选择热销的变体进行测试，待效果较好时再逐步扩展到其他变体。

海外仓较为复杂的物流过程给商家带来了更大的备货、仓储压力。过量的海外仓仓储不仅会产生更多仓储费用，还会抬高滞销成本。因此，子不语公司采用了少量多次的方式，在旺季，通过空运的方式及时对热销商品补仓，避免过多的商品积压在海外仓中而导致滞销。

【思考】请搜集资料，了解更多的海外仓选品案例。

5.3 海外仓的费用结构

海外仓的费用结构包括头程费用、处理费、仓储费、尾程运费、税金等，如图 5-15 所示。本节从头程费用、处理费、仓储费、尾程运费、税金等方面来介绍海外仓的费用结构。

| 头程费用 | 处理费 | 仓储费 | 尾程运费 | 税金 |

空运　　　　　　　　　　　　　　　　　　　　　　　　　　关税
海运　　　　　　　　　　　　　　　　　　　　　　　　　　增值税
　　　　　　　　　　　　　　　　　　　　　　　　　　　　其他税金

图 5-15　海外仓的费用结构

5.3.1　头程费用

头程费用是指在商家将货物从境内运送至海外仓这段过程中产生的运费，包括航空运输（以下简称空运）、快递运输、海洋运输（以下简称海运）和铁路运输等所产生的费用。下面主要介绍空运和海运的费用计算方法。

1. 空运的费用

（1）空运的费用结构：运费+清关费+报关费+其他费（文档费、拖车费、送货费等）。

（2）运费：按重量计算，有最低起运量限制（一般为5千克）。

（3）清关费：按件数计算。

例如，某空运物流服务商发货至英国的报价如表 5-1 所示。

第
5
章

海外仓

表 5-1　某空运物流服务商发货至英国的报价

运输方式	费用结构		费用标准
客机行李托运 （OBC）	运费/（元/千克）		37
	4PX 代清关	清关费/（元/件）	300
		提货费/（元/千克）	2
	客户自有 VAT 税号 清关	清关费/（元/件）	1 200
		提货费/（元/千克）	2
普货空运 （Air Freight）	运费/（元/千克）	100 千克以内	31
		100 千克及以上	28
	4PX 代清关	清关费/（元/件）	300
		提货费/（元/千克）	2
	客户自有 VAT 税号 清关	清关费/（元/件）	1 200
		提货费/（元/千克）	2

【例 5-1】使用客机行李托运方式配送 5 千克货物至英国仓并使用 4PX 代清关的头程费用的计算如下。

头程费用：37×5（运费）+300（清关费）+2×5（提货费）=495（元）（其他费除外）

2．海运的费用

（1）海运可分为集装箱拼箱和集装箱整箱。

① 集装箱拼箱。集装箱拼箱（Less Than Container Load，LCL）主要针对小件货物。这种货物通常由承运人分别揽货并在集装箱货运站集中，而后将两件或两件以上的货物合并装在一个集装箱内，要在目的地的集装箱货运站拆箱并分别交货。这时，以实际体积计算运费，体积会分层计算，1 立方米起运。

② 集装箱整箱。集装箱整箱（Full Container Load，FCL）指由发货人负责装箱、计数、机载并加铅封的货运方式。整箱货的拆箱一般由收货人办理，收货人也可以委托承运人在货运站拆箱。承运人不负责箱内的货损、货差，只有在收货人举证证明确属承运人责任的情况下，承运人才负责赔偿。承运人对整箱货以箱为单位交接，只要集装箱外表与收箱时相似，铅封完整，承运人就完成了承运工作。整箱货的运提单上要增加"委托人装箱、计数并加铅封"条款。

例如，某海运物流服务商发货至英国的报价如表 5-2 所示。

表 5-2　某海运物流服务商发货至英国的报价　　　　　　　　单位：元

运输方式	体积	单件费用标准
海运 LCL	0～10 立方米	1 200
	10.01 立方米及以上	1 000
海运 FCL	20 尺普通箱	24 000
	40 尺普通箱	36 000
	40 尺高箱	36 000

注：海运 LCL 的物流时效为 30 个工作日，海运 FCL 的物流时效为 20～27 个工作日。

（2）运费计算方法。运费单位（Freight Unit）是指海运公司计算运费的基本单位。

① 整箱装。以集装箱为运费单位，常见的集装箱类型有 20 尺普通箱（1 尺 ≈ 33.3 厘米）、40 尺普通箱及 40 尺高箱等。20 尺普通箱的有效容积为 33 立方米，限重 25 吨；40 尺普通箱的有效容积为 67 立方米，限重 29 吨；40 尺高箱的有效容积为 73 立方米，限重 29 吨。

② 拼箱装。以能收取的较高运价为准，运价表上常注记 M/W 或 R/T，表示从货品的重量吨或体积吨二者中择其运费较高者计算。

采用拼箱装时，运费单位如下。

a. 重量吨（Weight Ton）：货物总毛重，以 1 吨（1 TNE）为 1 个运费吨。

b. 体积吨（Measurement Ton）：货物总毛体积，以 1 立方米（1 Cubic Meter，1 MTQ、1 CBM 或 1 CUM，又称 1 体积吨）为 1 个运费吨。

在核算海运费用时，出口商首先要根据报价数量计算出商品的总毛体积和总毛重，再查询将该批货物运至目的港的运价。如果报价数量正好够装整箱（20 尺普通箱或 40 尺普通箱），则直接取其运价为海运费用；如果不够装整箱，则用商品总毛体积（或总毛重，取运费较高者）×拼箱的价格来计算海运费用。

相关计算方法如下。

① 整箱装。首先选择集装箱规格和数量（不同规格的集装箱可混选），然后查询相关航线的运费，再计算总海运费用。

② 拼箱装。拼箱装的海运费用计算包括按毛体积与按毛重两种方式。

$$按毛体积计算，X_1=单位基本运费（MTQ）×总毛体积$$

$$按毛重计算，X_2=单位基本运费（TNE）×总毛重$$

取 X_1、X_2 的较大值作为海运费用。

【例 5-2】从上海出口 9 110 件女式套头衫至伦敦，销售单位是件，包装单位是箱。每箱 20 件，每箱毛重 13 千克，每箱净重 11 千克，每箱体积 0.135 立方米。试分别计算毛重、体积，并计算用 2 个 20 尺普通箱装、1 个 40 尺普通箱装、拼箱装的海运费用分别是多少？

（上海至伦敦的海运费用为：20 尺普通箱 3 702 美元，40 尺普通箱 4 674 美元；普通拼箱按体积计算的运费为 138 美元/立方米，按重量计算为 168 美元/吨。）

解：

① 计算整箱装海运费用。

2 个 20 尺普通箱的海运费用：3 702×2=7 404（美元）

1 个 40 尺普通箱的海运费用：4 674（美元）

② 计算拼箱装海运费用。

a. 计算总毛重。

包装箱数=9 110÷20=455.5≈456（箱）

箱子重量=13-11=2（千克）

单件净重=11÷20=0.55（千克）

总净重=0.55×9 110=5 010.5（千克）

总毛重=总净重+箱子总重量=5 010.5+2×456=5 922.5（千克）

b．计算总体积。

总体积＝每箱体积×箱数=456×0.135＝61.56（立方米）

c．计算海运费用。

按体积计算，海运费用 A=61.56×138=8495.28（美元）

按重量计算，海运费用 B=5.9 225×168=994.98（美元）

因为 A>B，所以拼箱装的海运费用为 8495.28 美元。

┃ 问题思考 ┃

从上海出口 200 件女式套头衫至墨尔本，销售单位是件，包装单位是箱。每箱 20 件，每箱毛重 13 千克，每箱净重 11 千克，每箱毛体积为 0.143 08 立方米。试分别计算总毛重、总毛体积，并分别计算以整箱和拼箱装的海运费用。（上海至墨尔本的基本运费：20 尺普通箱为 1 199 美元/个，40 尺普通箱为 2 290 美元/个；普通拼箱按毛体积计算的运费为 92 美元/立方米，按毛重计算的运费为 86 美元/吨。）

❊ 5.3.2 处理费

处理费指买家下单后，由第三方对其订单拣货打包而产生的费用。某海外仓对订单处理费的报价如表 5-3 所示。

表 5-3 某海外仓对订单处理费的报价

单件商品重量/千克	处理费/元
0～1	8
1.001～5	10
5.001～10	14
10.001～30	18
30.001～31.5	20
31.501～50	40
50.001～70	70
70.001～100	90

1．多件发货时的总计费重量

（1）使用需计泡的发货方式，在多件发货时，总计费重量的计算方法如下（单件货品取体积重量和实际重量中较大者作为计费重量）。

① 如果货物计费重量之和×0.2>1 千克，则多件发货时的总计费重量=货物计费重量之和+1 千克。

② 如果货物计费重量之和×0.2<1 千克，则多件发货时的总计费重量=货物计费重量之和×1.2。

（2）使用无须计泡的发货方式，在多件发货时，总计费重量的计算方法如下。

① 如果货物实际重量之和×0.2>1 千克，则多件发货时的总计费重量=货物计费重量之和+1 千克。

② 如果货物实际重量之和×0.2<1 千克，则多件发货时的总计费重量=货物计费重量之和×1.2。

（3）多件发货的运费按总计费重量对应的费用收取。

【例5-3】相同的两件商品一起发货，每一件重 4 千克，不计泡，因为（4+4）×0.2=1.6 千克>1 千克，总计费重量=（4+4）+1=9 千克，所以多件发货的运费按照总计费重量 9 千克对应的费用收取。

相同的两件商品一起发货，每一件重 1.5 千克，不计泡，因为（1.5+1.5）×0.2=0.6 千克<1 千克，总计费重量=（1.5+1.5）×1.2=3.6 千克，所以多件发货的运费按照总计费重量 3.6 千克对应的费用收取。

不同的两件商品一起发货，使用体积重量{[长（厘米）×宽（厘米）×高（厘米）]÷5 000}计算计费重量，具体计算方法如下。

第一件：12 千克，规格为 80 厘米×30 厘米×50 厘米，体积重量=（80×30×50）÷5 000=24 千克>12 千克，计费重量取 24 千克。

第二件：12 千克，规格为 50 厘米×20 厘米×10 厘米，体积重量=（50×20×10）÷5 000=2 千克<12 千克，计费重量取 12 千克。

（24+12）×0.2=7.2 千克>1 千克，总计费重量=（24+12）+1=37 千克。

所以，多件发货的运费应按照总计费重量 37 千克对应的费用收取。

2．多件发货的处理费（按照单件货物的实际重量对应的处理费进行叠加）

（1）1 千克和 8 千克的货物多件发货，处理费为 22（=8+14）元。

（2）两件 5 千克的货物多件发货，处理费为 20（=10×2）元。

（3）多件发货的总规格=最长长×最长宽×高之和。

【例5-4】两件商品一起发货，其规格分别为 120 厘米×10 厘米×5 厘米和 100 厘米×80 厘米×20 厘米，则多件发货的总规格为 120×80×（20+5）=240 000 立方厘米。

如果 3 件商品一起发货，且其规格均为 120 厘米×10 厘米×5 厘米，则多件发货的总规格是 120×10×5×3=18 000 立方厘米。

❋ 5.3.3 仓储费

仓储费指海外仓服务商为经营者提供商品的存储、分类、包装与物流运输的服务而收取的费用。一般情况下，海外仓服务商为了提高商品的动销率，会按周收取费用。某海外仓一周的仓储费报价如表5-4所示。

表 5-4　某海外仓一周的仓储费报价

单件商品体积/立方米	仓储费/元	备注
0.001 以下	0.45	按件收费
0.001～0.02	0.65	按件收费
0.02 以上	40	按 40 元/立方米收费

【例 5-5】根据表 5-4 计算以下两种商品一周的仓储费。

A 商品：体积为 0.5 立方米。

B 商品：体积为 0.000 5 立方米。

解：商品 A 一周的仓储费=0.5×40=20（元）

　　　　商品 B 一周的仓储费=0.45（元）

5.3.4　尾程运费

尾程运费指在买家下单后，由海外仓服务商完成打包后指派物流企业将其配送至买家地址所产生的费用。下面介绍某物流企业在几个国家（澳大利亚、美国、英国、俄罗斯）的物流渠道及报价。

1. 澳大利亚

（1）澳大利亚物流渠道（已含挂号服务）如表 5-5 所示。

表 5-5　澳大利亚物流渠道（包含挂号服务）

服务名	时效	计泡	重量限制/千克
澳大利亚本地邮政标准派送-挂号	1～5 个工作日	否	5
澳大利亚本地邮政 Eparcel 派送	1～5 个工作日	否	22
澳大利亚本地标准派送	1～5 个工作日	否	5

注：以上报价仅供参考。

（2）澳大利亚物流派送服务如下。

① 澳大利亚本地邮政标准派送的资费标准如表 5-6 所示。

表 5-6　澳大利亚本地邮政标准派送的资费标准

服务类型	重量限制/克	派送至悉尼的运费/（元/件）	派送至除悉尼外的其他地区的运费/（元/件）
小信件	250	3.5	3.5
大信件	125	7	7
	250	10.5	10.5
	500	17.5	17.5
包裹	500	29	31.4
	1 000	30.4	34.4
	2 000	30.4	34.8
	3 000	30.9	35.9
	5 000	31.7	39.3

注：以上报价不含挂号费，如使用挂号服务，每件需加收 12 元。

按照澳大利亚本地邮政标准，派送至悉尼的邮件运费计算举例如表5-7所示。

表5-7 派送至悉尼的邮件运费计算举例

项目	邮件重量及规格类型	邮件类型	不含挂号费的运费/元	含挂号费的运费/元
实例1	500克，24厘米×13厘米×3厘米	包裹	29	29+12=41
实例2	50克，20厘米×10厘米×1厘米	大信件	7	7+12=19

 知识拓展

澳大利亚本地邮政标准派送的注意事项

- 派送时效：派送至新南威尔士州为1~2个工作日，派送至偏远地区为3~5个工作日。
- 重量限制：小信件不能超过250克，大信件不能超过500克，包裹不能超过5千克（超出5千克部分，推荐使用澳大利亚本地邮政Eparcel派送）。
- 规格限制：小信件不能超过24厘米×13厘米×0.5厘米，大信件不能超过36厘米×26厘米×2厘米，包裹最长边不能超过105厘米，"2×（宽+高）"不能超过140厘米。
- 商品优势：适用于价值低、轻小件、对时效要求不高的包裹。
- 计费重量：不计泡重，按照实际重量计算价格。
- 特殊说明：可派送到邮政信箱（PO BOX）地址，不提供丢件或损坏赔偿。

② 澳大利亚本地邮政Eparcel派送的资费标准如表5-8所示。

表5-8 澳大利亚本地邮政Eparcel派送的资费标准

分区	分区代码	500克及以下邮件的运费/元	500克以上邮件的运费	
			基本费用/元	费率/（元/千克）
1	N1	34.4	34.4	0
2	GF	35.6	37.3	1.3
3	WG	35.6	37.3	1.3
4	NC	35.6	45.6	1.7
5	CB	35.6	45.6	1.7
6	N3	35.6	50.4	3.5
7	N4	35.6	50.4	3.5
8	N2	35.6	50.4	3.5
9	V1	35.6	41.2	2.2
10	GL	35.6	49.9	3.3
11	BR	35.6	56.5	4.5
12	V3	35.6	44.6	3.2

注：（1）500克以上不足1千克部分，按照1千克计算。例如，501克应按照1千克计费，1 600克则应按照2千克计费。

（2）运费=基本费用+费率×重量。

选择澳大利亚本地邮政 Eparcel 派送方式，将邮件寄至 1 区、2 区、3 区的运费计算举例如表 5-9 所示。

表 5-9　澳大利亚本地邮政 Eparcel 派送的运费计算举例

项目	邮件重量及规格	派送目的地	运费/元
实例 1	1 502 克，24 厘米×13 厘米×3 厘米	1 区	34.4
实例 2	2 507 克，20 厘米×10 厘米×10 厘米	2 区	41.2
实例 3	450 克，10 厘米×10 厘米×10 厘米	3 区	35.6

注：（1）实例 1 运费=34.4 元（基本费用）+0 元（0 元/千克×2 千克）=34.4 元。

（2）实例 2 运费=37.3 元（基本费用）+3.9 元（1.3 元/千克×3 千克）=41.2 元。

（3）实例 3 运费=35.6 元（按 500 克以下的邮件计算费用）。

 知识拓展

澳大利亚本地邮政 Eparcel 派送的注意事项

- 派送时效：派送至新南威尔士州为 1～2 个工作日，派送至偏远地区为 3～5 个工作日。
- 重量限制：22 千克。
- 规格限制：最长边不能超过 105 厘米，总体积不超过 0.25 立方米。
- 商品优势：适用于低值、稍微偏重的包裹。
- 计费重量：不计泡重，按照实际重量计算价格。
- 特殊说明：可派送到邮政信箱（PO BOX）地址，不提供丢件或损坏赔偿。

③ 澳大利亚本地标准派送的资费标准如表 5-10 所示。

表 5-10　澳大利亚本地标准派送的资费标准

重量限制/克	至目的地运费/元		
	1 区（悉尼）	2 区	3 区
500	30.7	31.3	35.7
1 000	31.5	35.5	39.9
3 000	32.2	42.6	44.3
5 000	32.9	47.7	49.0

选择澳大利亚本地标准派送方式，寄送至 1 区、2 区、3 区的邮件运费计算举例如表 5-11 所示。

表 5-11　澳大利亚本地标准派送的运费计算举例

项目	邮件重量及规格	目的地	运费/元
实例 1	1 502 克，24 厘米×13 厘米×3 厘米	1 区	32.2
实例 2	2 507 克，20 厘米×10 厘米×10 厘米	2 区	42.6
实例 3	450 克，10 厘米×10 厘米×10 厘米	3 区	35.7

跨境电子商务物流（第3版 慕课版）

 知识拓展

澳大利亚本地标准派送的注意事项

- 派送时效：1～5个工作日。
- 重量限制：5千克（超过5千克，推荐使用澳大利亚本地邮政 Eparcel 派送）。
- 规格限制：最长边不能超过105厘米，总体积不超过0.25立方米。
- 商品优势：适用于低值、轻小件、对时效要求不高的包裹。
- 计费重量：不计泡重，按照实际重量计算价格。
- 特殊说明：可派送到邮政信箱（PO BOX）地址，不提供丢件或损坏赔偿。

2. 美国

（1）美国物流渠道如表5-12所示。

表5-12　美国物流渠道

服务名	时效	计泡	重量限制/千克
美国本地邮政派送	1～3个工作日	否	31.5
美国本地标准派送（不含签收）	2～5个工作日	是	67.5

（2）美国物流派送服务如下。

① 美国本地邮政派送资费标准如表5-13所示。因美国分区众多，所以表5-13仅列举部分作为参考。

表5-13　美国本地邮政派送资费标准

重量限制/克	至目的地运费/元							
	2区	3区	4区	5区	6区	7区	8区	9区
84	13.1	13.1	13.1	13.1	13.1	13.1	13.1	13.1
112	14	14	14	14	14	14	14	14
140	15.2	15.2	15.2	15.2	15.2	15.2	15.2	15.2
180	16.4	16.4	16.4	16.4	16.4	16.4	16.4	16.4
196	17.6	17.6	17.6	17.6	17.6	17.6	17.6	17.6
224	18.8	18.8	18.8	18.8	18.8	18.8	18.8	18.8
252	20	20	20	20	20	20	20	20
280	21.3	21.3	21.3	21.3	21.3	21.3	21.3	21.3
308	22.6	22.6	22.6	22.6	22.6	22.6	22.6	22.6
336	23.9	23.9	23.9	23.9	23.9	23.9	23.9	23.9
364	25.2	25.2	25.2	25.2	25.2	25.2	25.2	25.2

注：（1）派送时效为1～3个工作日。

（2）如使用挂号服务，每件需加收2元挂号费。

美国本地邮政派送不同规格的邮件运费计算举例如表5-14所示。

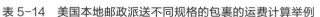
表 5-14　美国本地邮政派送不同规格的包裹的运费计算举例

项目	邮件重量及规格	目的地	运费/元
实例 1	50 克，13 厘米×12 厘米×1 厘米	8 区	13.1（不含挂号费）
			15.1（含挂号费）
实例 2	300 克，21 厘米×15 厘米×4 厘米	5 区	22.6（不含挂号费）
			24.6（含挂号费）
实例 3	350 克，31 厘米×20 厘米×4 厘米	3 区	25.2（不含挂号费）
			27.2（含挂号费）

 知识拓展

美国本地邮政派送的注意事项

- 派送时效：1～3 个工作日。
- 重量限制：31.5 千克（超过 31.5 千克，推荐使用美国本地标准派送）。
- 规格限制：包裹的"长+（宽+高）×2"不超过 274 厘米。
- 计费重量：不计泡重，按照实际重量计算价格。
- 获取挂号码：购买挂号服务后即可获得挂号码。
- 特殊说明：可派送到阿拉斯加、夏威夷、波多黎各，不提供丢件或损坏赔偿。
- 派送说明：可派送到住宅或商业地址（门到门派送），也可派送到美国战地邮局（APO/FPO）等军事地址及邮政信箱（PO BOX）地址。

② 美国本地标准派送的资费标准如表 5-15 所示。因美国分区众多，以下仅列举部分作为参考。

表 5-15　美国本地标准派送的资费标准

重量限制/千克	至目的地运费/元								
	2 区	3 区	4 区	5 区	6 区	7 区	8 区	9 区	10 区
0.45	67	67	67	67	67	67	67	180	141
0.90	67	67	67	67	67	67	67	194	155
1.35	67	67	67	67	67	67	67	206	170
1.80	67	67	67	67	67	67	67	222	185
2.25	67	67	67	67	67	67	67	235	199
2.70	67	67	67	67	67	67	67	243	210
3.15	69	69	69	69	69	69	69	254	225
3.60	69	69	69	69	69	69	71	262	233

注：（1）派送时效为 2～5 个工作日。

（2）报价不含签收费，如使用签收服务，每件需加收 25 元。

选择美国本地标准派送方式，将邮件派送至 5 区、2 区的运费计算举例如表 5-16 所示。

132

表 5-16 美国本地标准派送的运费计算举例

项目	包裹类型	目的地	不含签收费的运费/元	含签收费的运费/元
实例 1	1 千克，20 厘米×10 厘米×10 厘米，体积重量=0.34 千克<1 千克	5 区	67	92
实例 2	3.1 千克，35 厘米×25 厘米×20 厘米，体积重量=3.5 千克>3.1 千克	2 区	69	94

 知识拓展

美国本地标准派送的注意事项

- 派送时效：2～5 个工作日。
- 重量限制：67.5 千克。
- 规格限制：最长边不能超过 274 厘米，且"长+2×（宽+高）"不超过 419 厘米。
- 商品优势：适用于高值、轻重货物，贵重货物建议购买签收服务。
- 计费重量：计算体积重量，按照体积重量［体积重量=长（厘米）×宽（厘米）×高（厘米）÷5 000］与实际重量的较大值计算费用。
- 获取挂号码：购买挂号服务后即可获得挂号码。
- 特殊服务：可派送到阿拉斯加、夏威夷、波多黎各，但因距离较远，费用较高，建议使用美国本地邮政派送方式；可派送到住宅或商业地址（门到门派送）；不可派送到美国战地邮局（APO/FPO）等军事地址及邮政信箱地址，建议使用美国本地邮政派送-挂号；以上报价不含签收费，签收费为 25 元/件。
- 退货说明：因收件人拒收、地址错误、收件人搬迁等不可控原因造成的退件，将会退运至仓库，退货费用与发货费用相同，对额外费用实报实销。
- 附加费：最长边超过 152 厘米，第二长边超过 76 厘米，包裹实重超过 31.5 千克，使用木质或者铁质包装，使用任何圆柱形包装且没有使用瓦楞纸包装好的货物，需加收特殊处理费——38 元/件；当 330 厘米<［长+（宽+高）×2］≤419 厘米时，需加收超长附加费——270 元/件，且加收超长附加费的包裹计费重量不足 40.5 千克的包裹按照 40.5 千克计算；如地址错误、不完整或无法送达，派送商会尽量协助修改，费用为 86 元/件，因修改派送地址而增加的派送费用将实报实销。

3. 英国

（1）英国物流渠道如表 5-17 所示。

表 5-17 英国物流渠道

服务名	挂号	时效	计泡	重量限制/千克
英国本地经济派送	已含	1～5 个工作日	否	15
英国本地邮政派送	可选	1～3 个工作日	否	10
英国皇家次日派送	已含	1 个工作日	否	10

跨境电子商务物流（第3版 慕课版）

（2）英国物流派送服务介绍如下。

① 英国本地经济派送的资费标准如表 5-18 所示。

表 5-18　英国本地经济派送的资费标准

重量限制/千克	至目的地运费/元			
	1 区	2 区	3 区	4 区
1	25	56	83	25
2	39	69	90	39
5	39	69	95	39
10	40	71	97	40
15	51	74	99	51

注：1 区派送时效为 1～3 个工作日，2 区派送时效为 3～5 个工作日，运费中已含挂号费。

 知识拓展

英国本地经济派送的注意事项

- 规格限制："长+（宽+高）×2"不超过 2.25 米，单边长不超过 1.2 米。
- 商品优势：可派送到英国的海峡群岛及邮编以 GY 和 JE 开头的地区。
- 特殊服务：4 区属于伦敦拥堵区，需要收取拥堵费，但是目前不收取该费用。

② 英国本地邮政派送的资费标准如表 5-19 所示。

表 5-19　英国本地邮政派送的资费标准

重量限制/克	运费/元	
	挂号	含 POD（有签名）
0～750	23	27
751～1 000	24	27
1 001～1 500	24	28
1 501～2 000	24	28
2 001～2 500	25	29
2 501～3 000	25	29
3 001～3 500	25	29
3 501～4 000	26	30
4 001～4 500	26	30
4 501～5 000	27	31
5 001～6 000	28	33
6 001～7 000	29	34
7 001～8 000	32	37
8 001～9 000	36	42
9 001～10 000	40	46

注：派送时效为 1～3 个工作日，也可选择不挂号。

③ 英国皇家次日派送的资费标准如表 5-20 所示。

表 5-20　英国皇家次日派送的资费标准

重量限制/克	含挂号费的运费/元
100	62
500	65
1 000	77
2 000	97

注：派送时效为 1 个工作日。

4. 俄罗斯

（1）俄罗斯物流渠道如表 5-21 所示。

表 5-21　俄罗斯物流渠道

服务名	挂号	时效	计泡	重量限制/千克
俄罗斯邮政一级空运小包	已含	7～15 个工作日	是	2.5
俄罗斯本地快捷派送	已含	1～5 个工作日	是	20

（2）俄罗斯邮件派送服务介绍如下。

① 俄罗斯邮政一级空运小包。

 知识拓展

俄罗斯邮政一级空运小包的注意事项

- 重量限制：2.5 千克，首重、续重不足 100 克的，按 100 克计费。
- 规格限制：任意单边长不超过 36 厘米，"长+宽+高"不超过 70 厘米。
- 商品优势：服务派送范围覆盖全俄罗斯，邮局派送不上门，需收件人自提；货物到达当地邮局时，邮局会将提货单发送给收件人。
- 计费重量：计泡，体积重量=［长（厘米）×宽（厘米）×高（厘米）］÷5 000，取体积重量和实际重量较大者为计费重量。

② 俄罗斯本地快捷派送的资费标准如表 5-22 所示。

表 5-22　俄罗斯本地快捷派送的资费标准

重量限制/千克	至目的地运费/元									
	1 区	2 区	3 区	4 区	5 区	6 区	7 区	8 区	9 区	10 区
0.5	39	55	66	71	87	110	115	124	164	244
1	42	57	69	75	94	120	125	134	174	254
续重 1	9	7	11	12	14	18	18	23	26	32

注：派送时效为 1～5 个工作日，已含挂号费。

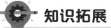 **知识拓展**

俄罗斯本地快捷派送的注意事项

- 重量限制：20千克；包裹重量在500克以内的，按500克计费；包裹重量超过500克但不满1千克的，按1千克计费。
- 规格限制：单边长不超过150厘米，"长+宽+高"不超过270厘米。
- 计费重量：体积重量=［长（厘米）×宽（厘米）×高（厘米）］÷5 000，取体积重量和实际重量中较大者为计费重量。

✳ 5.3.5 税金

税金是指货物出口到某地，需按照该地的进口货物政策而征收的一系列费用，如关税、增值税和其他税金等。

关税主要指进口关税。征收进口关税会增加进口货物的成本，提高进口货物的市场价格。各地都以征收进口关税作为限制货物进口的一种手段。适当地使用进口关税可以保护本地工农业生产，进口关税也可以作为一种经济杠杆用于调节本地的生产和经济的发展。

有些国家不仅有进口关税，还有一些特定的费用，如增值税、消费与服务税等。

增值税（Value-Added Tax，VAT）是购物时另加的税款，是根据商品的价格而征收的。各地的增值税税率不同，部分国家（地区）增值税税率如表5-23所示。

表5-23 部分国家（地区）增值税税率

国家（地区）	英文	缩写代码	增值税税率
英国	United Kingdom	UK	20%
德国	Germany	DE	19%
法国	France	FR	20%
意大利	Italy	IT	22%
西班牙	Spain	ES	21%
奥地利	Austria	AT	20%
波兰	Poland	PL	23%
捷克	Czech Republic	CZ	21%
荷兰	Netherlands	NL	21%
比利时	Belgium	BE	21%
瑞典	Sweden	SE	25%

消费与服务税（Good and Services Tax，GST）是对境内销售的大多数商品和服务征收的税款。目前，全球有数个地区均征收消费与服务税，如新西兰的税率为15%、澳大利亚的税率为10%、加拿大的税率为5.3%等。

部分国家的税金计算方法如表5-24所示。

表 5-24　部分国家的税金计算方法

英国	美国	澳大利亚	俄罗斯
税金=关税+VAT 关税=货值×关税税率 VAT=（运费+货值+关税）×20%	税金=关税=货值×关税税率	税金=关税+GST 关税=货值×关税税率 GST=（运费+货值+关税）×10%	税金=关税+VAT 关税=货值×关税税率 VAT=（运费+货值+关税）×20%

注：俄罗斯的大部分进口货物均需缴付 20%的增值税，食品及儿童用品需缴付 10%的增值税，高科技产品、棉花及药物则免缴增值税。此外，部分商品，如烟、酒、汽车、石油及首饰等需缴付 25%～90%的消费与服务税。

5.4 海外仓服务

本节将介绍海外仓的选择与增值服务、海外仓商品的前台展示、海外仓商品的服务规范。

✳ 5.4.1 海外仓的选择与增值服务

1．海外仓的选择

商家如果不是自建海外仓，而是选择第三方海外仓，建议依据以下几点进行选择：第一，高效稳定的系统；第二，完善的退货服务；第三，明确合理的价格；第四，在目的地具有一定的服务优势、业界口碑和行业经验。

建议商家不要选择非正规的小型海外仓，这是因为部分小型海外仓在非旺季可正常运作，但在旺季由于库存激增、人手不足，易发生爆仓，导致仓内作业效率低下，易引起漏发迟发、无法正常妥投等物流风险。

2．海外仓的增值服务

（1）退换标服务。商家难免会遇到账号被关、商品无法上架、贴错 SKU 标签等问题。对此，部分海外仓服务商提供退换货、换标处理、重新打包、代发货等服务，让商品再次获得价值，能帮助商家在较大程度上避免货物损失。

（2）一件代发服务。海外仓的一件代发服务从发货到客服，覆盖多个环节。不论是整柜货、托盘货还是散货，都可一件代发；在一定期限内可免仓储费用；发货地址的本土化让商家可以提高商品卖价，使商品更具竞争力；海外仓发货可以享受国际快递公司 TNT、FedEx、UPS 及 DHL 的折扣费率，覆盖范围广，时效短，运费便宜；全程自动化发货，节省操作成本；海外仓提供大客户客服，反馈及时，跟进速度快。

（3）专线直邮服务。为了满足更多商家的不同需求，部分海外仓还提供了专线直邮服务。例如，某海外仓凭借与其合作的航空公司的充足航空运力和优势航空资源，从海外仓当地直接安排航班到美国的不同机场，再由清关公司安排个人包裹清关，通过海外仓物流渠道派送到收货人手里。海外仓专线直邮服务不仅有助于商家实现零库存，盘活流动资金，还能提升买家的购物体验，增强商家的综合竞争力。

❋ 5.4.2　海外仓商品的前台展示

商家的海外仓商品发布成功后，买家可以在商品详情页看到商品的发货地信息。下面以全球速卖通为例进行讲解。

（1）买家可以在搜索页上选择"Ship From"（发货地），筛选海外仓发货的商品，如图 5-16 所示。

图 5-16　筛选商品

（2）本地仓发货（发货地与买家收件地址一致）的商品将展示专属标志，如图 5-17 所示。

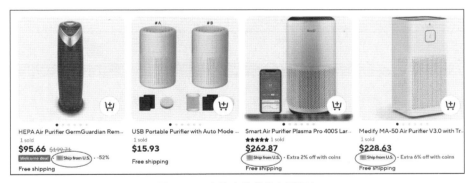

图 5-17　本地仓发货的专属标志

（3）进入商品详情页面后，买家需要选择"Ship From"（发货地），根据选择的发货地及收货地判断该订单是否享受海外仓的本地化服务，如图 5-18 所示。

图 5-18　选择发货地

✱ 5.4.3　海外仓商品的服务规范

海外仓商品的服务规范旨在规范海外仓物流服务标准，保证物流时效，提升客户体验。以全球速卖通为例，海外仓商品的服务规范如下。

（1）严禁虚假海外仓行为。平台规定海外仓订单的实际发货地必须与客户下单时选择的发货地一致，禁止擅自更改发货地。

（2）平台考核商家的海外仓服务水平。平台每天考核商家过去 30 天的海外仓服务水平及店铺的整体经营状况，具体考核标准如表 5-25 所示。

表 5-25　针对商家过去 30 天的海外仓服务水平及店铺的整体经营情况的考核标准

考核维度	考核条件
海外仓服务水平	海外仓服务及商品设置符合以下条件： ① 海外仓物流纠纷率低于海外仓发货商家的平均水平； ② 海外仓订单发货妥投时效（一般为 7 天，发到俄罗斯为 15 天）处于正常范围； ③ 海外仓商品发货期≤3 天
店铺的整体经营情况	店铺处于稳定良好的经营情况，并符合以下条件： ① 信用等级≥3 勋； ② 90 天好评率≥95%； ③ 商家服务等级非不及格； ④ 商家纠纷裁决率≤0.8%

 行业观察

航运 AI 智能物流平台助力海外仓头程海运

Hi-Dolphin 是由中远海运科技股份有限公司打造的创新性数字化解决方案，致力于通过先进的大模型技术和航运专业语料推动航运业数字化转型。Hi-Dolphin 的"航运大脑"作为一个高度复杂的智能协调系统通过精密的算法和逻辑，智能地安排智能体进行工作协同优化资源配置，提升整体任务执行效率及成果。

Hi-Dolphin 从不同专业角度，为用户提供航运知识检索和归纳，包括航海公约规则、海事管理条例、船舶检验要求等。Hi-Dolphin 使用向量数据库作为本地知识存储，通过知识检索以及工具调用等方式，生成对实际业务有帮助的答案。比如，提供实时可靠的航运数据查询服务，包括智能找船、船舶档案、船舶事件、港口动态等信息，为海外仓头程海运的核心业务提供智能化决策支持。

Hi-Dolphin 问答实战

提问："中远海运荷花到哪儿了？"

首先，Hi-Dolphin 以结构化的文字概述了所关注船舶当前的状态、时间、经纬度、当前位置、上一港口、航段距离、航行时长以及平均速度等信息，并对船舶的目的地和到达时间做了预估，如图 5-19 所示。

图 5-19　Hi-Dolphin 问答实战（1）

提问："青岛港现在拥堵吗？"

首先，Hi-Dolphin 以结构化的文字概述了所关注港口目前的船舶动态情况，包括预计抵达、锚泊、中途锚泊、航行、靠泊以及维修的船舶数量等信息。再对结果数据深入分析，得出其与拥堵与否的关联性，并给出了进一步的建议，如图 5-20 所示。

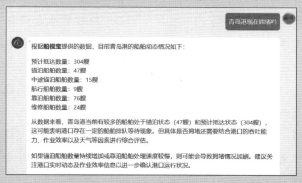

图 5-20　Hi-Dolphin 问答实战（2）

提问："选择的航线船舶的航行碳排放情况如何？"

Hi-Dolphin 评估船舶的碳排放数量和等级情况后，还会推荐碳足迹、欧盟碳税测算、航线规划、全球海运碳排放看板、船舶 CII 模拟器等系列绿色低碳应用。

【拓展思考】请利用 Hi-Dolphin 体验海外仓头程海运，并思考海运路线选择时应该考虑哪些因素？

测试与思考

1．简答题

（1）什么是海外仓？

（2）什么是税金？

（3）什么是第三方公共服务海外仓？

（4）简述海外仓选品的思路。

（5）简述平台对商家过去 30 天的海外仓服务水平的考核条件。

（6）大商家们建设海外仓是否可以"拼"（抱团建仓）？

2. 填空题

（1）按经营主体划分，海外仓可分为第三方公共服务海外仓和（　　　　）。

（2）海外仓中，头程运输途径有（　　　　）、（　　　　）、（　　　　）和（　　　　）。

（3）海外仓当地派送费用指由仓库完成（　　　　）、配送至（　　　　）所产生的费用。

3. 不定项选择题

（1）海外仓不仅是国际运输的重要节点，也是国内运输或配送的起点，其功能不包括（　　　　）。

    A. 代收货款功能　　　　　　　　　　　　B. 拆包拼装功能

    C. 保税功能　　　　　　　　　　　　　　D. 运输资源整合功能

（2）海外仓费用包括（　　　　）。

    A. 头程费用　　　　　　　　　　　　　　B. 税金

    C. 当地派送费用　　　　　　　　　　　　D. 处理费及仓储费

（3）使用澳大利亚本地邮政 Eparcel 派送运输一件 450 克的货物到 10 区，所需的费用为（　　　　）。

    A. 34.4 元　　　　B. 35.6 元　　　　C. 37.4 元　　　　D. 45.6 元

（4）一般来说，下列不在海外仓费用的计算范围内的是（　　　　）。

    A. 头程费用　　　B. 处理费　　　C. 海运费用　　　D. 仓储费

（5）海外仓储意味着跨境出口电子商务企业将货物全部发到海外仓服务商的仓库，由后者进行（　　　　）甚至库存管理。

    A. 销售　　　　B. 拣选　　　　C. 仓储、配送　　D. 打包

4. 判断题

（1）头程费用是指在境外将货物运送至境内地址这段过程中产生的运费。（　　　）

（2）在商家自营的海外仓中，物流体系是由跨境出口电子商务企业自身控制的。

    （　　　）

（3）海外仓虽然可以缩短物流时效，但会大大增加物流成本。（　　　）

（4）海外仓选品的思路要先从选国家（地区）建仓开始，然后根据国家（地区）的特点选品。（　　　）

（5）海外仓是解决跨境电子商务物流成本高昂、配送周期漫长问题的有效方案，本质就是使跨境贸易实现本地化。（　　　）

（6）选择海外仓要求商家有一定的库存量，一些买家特别定制的商品，同样适合选择海外仓进行销售。（　　　）

第6章
跨境电子商务进口物流

本章导入

跨境电子商务"新业态"渐成外贸"新常态"

"人在家中坐，货从全球来。"一年一度的"双十一"购物盛宴来临。市民王女士凌晨付完尾款，第二天就晒出了收到的进口商品包裹，感叹如今"海淘"的方便快捷。随着跨境出口电子商务的蓬勃发展，远隔万里的境外消费者也享受到与王女士一样的购物体验，中国制造沿着"数字丝绸之路"走向全球。

"足不出户买遍全球，指尖轻点卖遍世界"，跨境电子商务"新业态"已渐成外贸"新常态"。在中国巨大的消费市场和全面的供应链配套加持下，杭州跨境电子商务渐入佳境。随着境内消费者的需求愈发多元化，跨境商品种类也愈发多样，下沙跨境电子商务园区内的跨境进口商品 SKU 从 100 种起步，目前已增长到 80 000 多种。从最初的奶粉、尿不湿等母婴类商品，扩充到美妆、小家电、宠物用品等，一些轻奢、潮牌商品也越来越受年轻消费群体欢迎，而这些商品均来自全球各地。

行业政策环境利好，国家加大对外开放力度，居民消费意愿逐年提高，正促进跨境进口电子商务稳定、快速发展。

思考： 如何保证跨境电子商务进口物流的顺利进行?

 学习导航

小节内容	职业能力目标	知识要求	素养目标
6.1 直邮模式	熟悉跨境电子商务进口物流的直邮模式	1. 掌握跨境直邮模式的概念、流程及特点 2. 掌握集货直邮模式的概念、流程及特点 3. 熟悉两种模式的区别和联系	1. 掌握跨境电子商务物流从业人员在岗必需的理论知识和技能，增强对物流活动要素的管理统筹能力 2. 具有较强的信息处理能力和运用专业知识解决问题的创新能力 3. 深刻领会国家经济社会改革思路，学习相关的法律知识
6.2 保税模式	能掌握多种跨境电子商务进口物流的保税模式	1. 掌握保税备货模式的概念、流程及特点 2. 了解保税物流中心的概念和功能 3. 正确解读保税模式	
6.3 直邮模式入境管理	能熟练对以直邮模式入境的包裹进行申报	1. 掌握包裹入境后的直邮申报 2. 了解三单比对的内容 3. 掌握税费的计算方法	
6.4 保税模式入境管理	能掌握对保税模式跨境商品的管理	1. 掌握保税物流中心的货物入库流程及相关环节的操作技巧 2. 掌握保税物流中心的货物出库流程及相关环节的操作技巧	

知识与技能

6.1 直邮模式

直邮模式可分为跨境直邮模式和集货直邮模式，下面分别进行介绍并对两者进行对比。

6.1.1 跨境直邮模式

1. 跨境直邮模式的概念

跨境直邮模式是指在消费者购买境外商品之后，商家在境外打包，以零售形式直接通过国际物流发货，并进行境内清关，将商品直接配送到消费者手中的物流方式。

跨境直邮模式更适应消费者个性化、多元化的海淘需求，具有低时效性、高稳定性、低风险性等特点。另外，跨境直邮模式往往是进行三单比对的规范化的跨境电子商务企业对消费者（Business to Consumer，B2C）直邮模式，并且成熟的跨境进口电子商务平台也能提供较为可靠的直邮购物保障。

2. 跨境直邮模式的流程

跨境直邮模式的流程如图 6-1 所示。

（1）消费者在网站上下单，并提供收货人的身份信息和收货地址信息。

（2）网站负责采购商品，对商品进行包装、包裹化，并装入货品装箱单，贴快递面单。

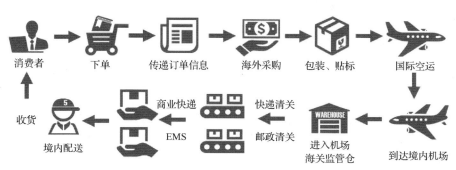

图6-1 跨境直邮模式的流程

（3）通过国际快递公司或万国邮政联盟进行快速通关，并通过国际空运到达境内机场。

（4）包裹落地后进入机场海关监管仓，等待海关查验。

（5）海关对包裹进行查验，防止偷税及违禁商品入境。

（6）快递公司更换快递面单，方便境内配送投递。

（7）通过境内快递或邮政快速清关。

（8）海关放行后，通过境内物流（商业快递或 EMS）将商品配送到消费者手里。

3．跨境直邮模式的特点

（1）跨境直邮模式物流时效性低，周期将近 1 个月。跨境直邮模式要经历从境外商家选择快递公司、发货，到国际空运、境内快递/邮政清关、境内配送等过程。消费者从下单到收到货物，通常需要 1 个月左右的时间。

（2）跨境直邮模式通常由境内快递或邮政进行清关。消费者必须按照要求提供报关身份证扫描件及详细收货信息，境外商家需要提前向海关备案邮寄的商品，不在备案范围内的商品将被退运。

（3）在跨境直邮模式下，运输质量无法得到保证，退货困难。在该模式下，商品由境外商家自主选择快递公司进行运送，每个运输环节都可能出现商品损坏或丢失，而消费者无法通过相关渠道进行追责或退货的情况。

（4）C2C 商家常用跨境直邮模式。跨境直邮模式仍然收取行邮税。税收"新政"的实施提高了跨境直邮模式下的税收，加大了监管力度。在出现超限的情况时，若发货人不主动报关补税，则包裹可能被退运。

✳ 6.1.2 集货直邮模式

1．集货直邮模式的概念

集货直邮模式是跨境直邮模式的升级版，是 B2C 模式下的常用物流模式。集货直邮模式指消费者购买境外商品之后，供应商集中发货到海外仓，货物被包裹化后由国际转运中心发货，然后在完成境内清关后被配送到消费者手中。

📖 **案例拓展**

天猫国际的集货直邮模式

天猫国际提供不同的配送模式，其中便包括集货直邮模式。"天猫国际全球探物"是由菜鸟物流从境外空运并入境清关后完成境内配送的一种集货直邮模式。为了保证境外商品安全、快速地运送到境内消费者手里，菜鸟物流在境外建立了多个海外仓，并使用包机国际运输，缩短了消费者的收货时间。通常情况下，集货直邮模式完成物流配送的时间在 7 个工作日左右，并支持本地退货。图 6-2 所示为标注了"天猫国际全球探物"的商品。

图 6-2　标注了"天猫国际全球探物"的商品

【思考】集货直邮模式适用于哪些情况？

2．集货直邮模式的流程

集货直邮模式的流程如图 6-3 所示。

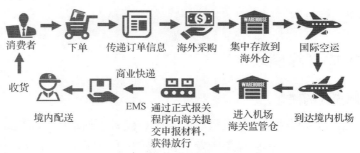

图 6-3　集货直邮模式的流程

（1）消费者在网站上下单，并提供收货人的身份信息和收货地址信息。

（2）跨境电子商务平台中的境外商家采购商品并将其集中存放到海外仓，收到用户订单后，对商品进行拣货、包裹化，装入货品装箱单并贴快递面单。

（3）通过国际空运到达境内机场。

（4）包裹落地后进入机场海关监管仓，等待海关查验。

（5）海关对包裹进行查验，防止偷税及违禁商品入境。

（6）跨境电子商务平台通过正式报关程序向海关提交申报材料，海关查验后放行。

（7）海关放行后，通过商业快递或 EMS 将商品配送到消费者手里。

3．集货直邮模式的特点

（1）在集货直邮模式下，物流时效不到两周，在消费者可接受的范围内。在该模式下，商家通常会提前将所销售的商品集中存放到海外仓。在订单支付后，订单商品就在海外仓被拣货、打包。物流商会通过包机国际运输的形式将包裹送抵境内。这个过程可能需要一周的时间。包裹入境并清关后，会由商业快递或 EMS 进行境内配送，一般不到一周的时间就可以送达主要城市。在集货直邮模式下，企业依托实力强大的海外仓和干线运输等资源，物流时效短于跨境直邮模式，能大幅提高消费者的满意度。

（2）集货直邮模式通常由跨境电子商务平台提供统一的入境清关服务。消费者必须按照要求提供报关身份证扫描件及详细收货信息；跨境电子商务平台要提前向海关备案邮寄的商品，不在备案范围内的商品将被退运。在集货直邮模式下，相关商品将全部报关、100%缴纳税款。

（3）在集货直邮模式下，包裹运输更可靠，丢包率低，可以提供退货服务。集货直邮模式通常由有海外仓资源和干线运输能力的跨境电子商务平台提供，因此包裹在运输过程中出现的丢包、损坏等售后问题都可通过跨境电子商务平台解决。消费者收到商品后，因质量、包装、与描述不符等问题需要退货时，跨境电子商务平台提供"本土退货"服务，并由跨境电子商务平台境外团队帮助消费者进行境外维权。

（4）在集货直邮模式下，跨境电子商务平台需要具备海外仓及国际运输资源。集货直邮模式对海外仓、清关能力、多元化的干线运输的要求较高。跨境电子商务平台自建官方跨境电子商务物流，能够在海外仓集货、在境外空运，并在入境清关后完成境内配送。

✳6.1.3　模式对比

跨境直邮模式和集货直邮模式都是有订单业务才发货的，不提前在境内备货，在包裹入境时才需清关，由海关对其进行抽查。集货直邮模式相对于跨境直邮模式，更能适应跨境电子商务平台上不同销量、不同类型的商家的需求，最大限度地缩短全程物流时间，大大提升性价比。两者之间的区别如下。

1．清关模式

在跨境直邮模式下，确认订单后，境外供应商使用国际快递将商品直接从境外邮寄到消费者手里。如果商家使用机场快递清关，则商业快递自行报关；如果商家使用 EMS 清关，则可使用万国邮政联盟渠道或由两地快递合作进行报关。订单无海关单据。

在集货直邮模式下，商家将多个订单商品集货后运送到境内海关监管仓，办理正式海关通关手续，商品经过海关查验后获得放行。每个订单均附有海关单据。

 知识拓展

> 邮政清关：为了促进和改善国际邮政业务，海关为万国邮政联盟旗下的邮政系统开辟了一条绿色通道，海关仅行使监督职能。

2．抽检模式

在跨境直邮模式下，对于单个快件，如果抽检到就要开包检查，抽检不通过将遭到退运。

在集货直邮模式下，部分口岸不进行国家出入境检验检疫，如郑州口岸等。

3．售后服务

在跨境直邮模式下，商家的商品运送到消费者手里要经过多个不同的主体节点，如果出现售后问题，将难以定责，所以一般不支持退换货、已发货退款等售后申请。

在集货直邮模式下，商家的商品提前送至海外仓，通过跨境电子商务平台可进行商品退货、换货、补货，能够解决一直困扰消费者的跨境售后服务问题。

6.2 保税模式

保税模式是先从境外将商品大批量运至保税区存放，当订单发生时及时清关发货，到货时效短的一种物流方式。一般销量比较大的商品会选择保税模式。在 2016 年"正面清单"发布后，保税仓可以备货的商品品类受到了一些限制。

 知识拓展

> "正面清单"即《跨境电子商务零售进口商品清单》，不在"正面清单"的商品将无法通过集货直邮模式或保税模式进行购买。按国家规定，此类商品需按一般贸易的货物要求核验通关单，需要提供原产地证、批文、商检、国检，并配备中文包装。

📖**案例拓展**

贝贝网的保税模式

贝贝网是杭州贝购科技有限公司旗下网站，是国内领先的母婴特卖平台。贝贝网定位于分众电子商务，针对妈妈群体提供细致深入的商品与服务，以消费者电子商务的思路，从妈妈群体的需求出发，专门提供她们需要的商品与服务。

贝贝网拥有 6 个保税仓，月销售额过百万元，仅在贝贝"713 母婴节"期间，其海外购频道的销售额就突破 1 亿元。贝贝网能够快速迈入跨境电子商务第一阵营的关键在于品类的高质量选择。贝贝网的主流品牌覆盖率接近 90%，是行业内除淘宝外品牌覆盖度最高的一个平台。另外，贝贝网采用直营自采模式，直接参与货源组织、仓库物流过程，有效规避假货风险。

贝贝网物流模式以保税模式为主，如图 6-4 所示。以使用贝贝网订购不同供货商货物的订单信息为起点，多货主货物先以保税模式入境，并存储在保税物流中心，然后根据订单信息进行清关、商检抽查、海关实物查验出库、境内快递派送等流程。

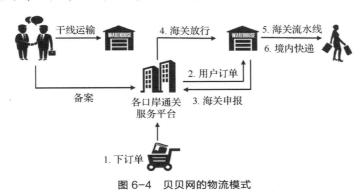

图 6-4　贝贝网的物流模式

【思考】简述贝贝网的保税模式的优缺点。

❋ 6.2.1　保税备货模式

1．保税备货模式的概念

在保税备货模式下，跨境进口电子商务企业提前批量采购商品，并将商品运至保税物流中心，订单生成后，商品直接从保税物流中心发出，然后在海关、国家出入境检验检疫机构（以下简称"国检"）等部门监管下通关。这种模式能够降低跨境进口电子商务企业的货物价格，缩短消费者的物流等待时间。

2．保税备货模式的流程

保税备货模式的流程如图 6-5 所示。

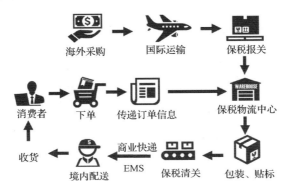

图 6-5　保税备货模式的流程

（1）跨境电子商务企业从境外采购商品，采购品类要求在"正面清单"内。

（2）通过国际运输方式运输，由于是提前备货，可适当使用海运降低成本。

（3）跨境电子商务企业主动进行报关报检；海关查验，对于品类在"正面清单"内的商品，予以放行。

（4）货物进入保税物流中心后，仓库收货、质检、上架。

（5）消费者在跨境电子商务平台上下单后，跨境电子商务企业负责主动报关缴税，海关清关放行后，物流中心拣货、出库。

（6）商品通过境内配送，将在2～3天送达消费者手里。

3．保税备货模式的特点

（1）备货清关。跨境电子商务企业将境外商品批量备货到保税物流中心，消费者下单后，跨境电子商务企业根据订单为每件商品办理海关通关手续，并在保税物流中心完成打包和贴快递面单，经海关查验放行后，将商品交由委托的境内快递派送到消费者手里。每个订单均附有海关单据。

（2）抽检模式。保税备货模式在订单出库时将由国检进行抽检，开包抽检通过才可发运，如果不通过，将删单。抽检不通过的概率将直接影响跨境电子商务企业的信用度，如果通过的概率降低，则其被抽检的概率将会大幅提高。

（3）三单比对。跨境电子商务"三单比对"是指由支付企业发送支付单、物流企业发送快递单、跨境电子商务企业发送订单，三单信息经监管部门比对无误后查验放行的通关模式。海关审核时，系统自动进行三单比对，包括订单信息、快递单信息、支付单信息，要求三单信息一致。商检在抽检包裹时也会对三单信息进行人工比对，并与包裹中放置的商品进行实物比对。

（4）售后服务。订单生成后，商品实际从保税物流中心发出，原则上3～5天即可送达消费者手里，时效性很短。保税物流中心的大量库存也保障了消费者退换货等售后体验。

海关总署对跨境电子商务零售进口模式下的退货方式进行了明确规定：退回的商品应当在海关放行之日起30日内原状运抵原监管场所，相应税款不予征收，并调整个人年度交易累计金额。

✳ 6.2.2　保税物流中心

1．保税物流的概念

保税物流是指保税业务经营者经海关批准后将货物在税收保全状态（暂缓缴纳关税）下从供应地运到需求地的有效流动，包括采购、运输、存储、简单加工、检测、分销、配送、流转、调拨等环节，以及为实现这一流动而进行的计划、管理、控制过程。

改革开放后，对外贸易突破了进口买断和出口卖断的简单模式，"三来一补"和"以进养出"业务率先得到发展，保税业务迅速复苏。从20世纪80年代开始，我国海关陆续修订并颁布了来料加工、进料加工、保税仓、保税区等一系列管理办法和规定。到目前为止，我国海关已经发展成 4 个层次、7 种模式（保税仓、出口监管仓、保税区、出口加工区、保税物流园区、保税物流中心和保税港）的现代海关监管体系，即"以保税港和区港联动的保税物流园区为龙头，以保税区、保税物流中心和出口加工区为枢纽，以优化的保税仓和出口监管仓为网点"的结构化体系。保税物流的发展史如图 6-6 所示。

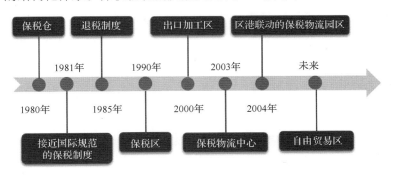

图 6-6　保税物流的发展史

2．保税物流的特点

保税物流是物流分类中的一种，符合物流学的普遍规律，同时具有不同于其他物流类别的典型特点。

（1）系统边界交叉。保税货物在地理上是在一国的境内（领土），从移动的范围来看，保税物流应属于国内物流，但它也具有明显的国际物流特点。例如，保税区、保税物流中心及区港联动的保税物流园区皆具有"境内关外"的性质，所以可以认为保税物流是国际物流与国内物流的接力区。

（2）物流要素扩大化。物流要素一般包括运输、仓储、信息服务、配送等，而保税物流除了具有这些基本的物流要素之外，还包括海关监管、口岸、保税、报关、退税等关键要素。

（3）线性管理。一般贸易货物的通关基本程序包括申报、查验、征税、放行，是"点式"的管理；保税货物需经过从入境、存储或加工到复运出口的全过程，保税货物入关是起点，核销结案是终点，因此，保税物流是线性的管理过程。

（4）存在效率瓶颈。在海关的监管下进行运作是保税物流不同于其他物流的本质所在。海关为了达到监管效力，严格的流程、复杂的手续、较高的抽查率必不可少，但这与现代物流追求便捷、高效率、低成本的运作要求相悖。物流效率与海关监管效率之间存在"二律背反"。在保税需求日益增长的情况下，海关的监管效率成为提高保税物流效率的瓶颈。

（5）平台性。保税物流是加工贸易企业供应物流的末端和销售物流的发端，甚至包括生产物流。保税物流的运作效率直接关系到企业的正常生产与供应链的正常运作。构建通畅、高效率的保税物流系统是海关、物流企业、口岸等高效协作的结果。完善的政策体系、一体化的综合物流服务平台必不可少，集成商品流、资金流、信息流的物流中心将是保税物流的主要模式之一。

3．保税物流中心的概念

保税物流中心是指封闭的海关监管区域，并且具备口岸功能。它分为 A 型和 B 型两种。

A型保税物流中心是指经海关批准，由境内企业法人经营、专门从事保税仓储物流业务的海关监管场所。B型保税物流中心是指经海关批准，由境内一家企业法人经营，多家企业进入并从事保税仓储物流业务的海关集中监管场所。

21世纪初，得益于丰富的劳动力资源、低廉的劳动力成本及一系列吸引外资的优惠政策，我国一跃成为当时国际制造业发展最为迅速的国家。2005年，我国进出口加工贸易企业的进出口额已经超过进出口总额的一半，大量境外企业将生产厂、制造基地开设在我国。

4．保税物流中心的功能

（1）保税仓储。保税物流中心实行"境内关外"的政策，这是相当宽松优惠的保税政策，即货物从境外进入保税物流中心不视同进口，只有从保税物流中心进入境内才视同进口；货物从境内进入保税物流中心视同出口。由此形成了以保税仓储为核心内容的保税物流运作形式。

（2）转口贸易。转口贸易指进口商品未经加工又输往境外的贸易。在保税物流中心，转口贸易商利用价格差异，从买卖双方处获取利益，他们不仅是中介人，而且是货主。一些著名的港口如新加坡港等，几乎起步于开展国际转口贸易。

（3）入园退税。货物从境内进入保税物流中心视同出口，须办理出口报关手续。企业按照国家税务总局的有关税收管理办法办理出口退税手续，按照国家外汇管理局有关外汇管理办法办理收付汇手续。

（4）转厂服务。以手册报关方式进口的企业，其货物需要在其上下游企业之间转厂。但由于企业管理等多方面的原因，相关环节很难达到海关对账册管理的要求。若企业将其货物先运入保税物流中心（视同出口），再进入境内（视同进口），则转给下游企业就容易多了。

（5）国际配送。保税物流中心可利用海关所赋予的特殊政策，对进口保税货物开展分拣、分配、分销、分送等业务，或在进行邻港增值加工后向境内外配送，进而逐步发展成为国际物流配送中心。

（6）国际采购服务。保税物流中心可以通过引入跨境电子商务采购商建立全球化的采购系统，组织采购周边区域的货物并出口，依托核心城市的制造能力及相应的全球物流供应链，促进商品出口，为制造业商品走向世界市场开辟一条绿色通道。

（7）集装箱服务。集装箱服务是保税物流中心提供的必要服务，包括临时堆场和拆拼箱服务。

（8）简单加工及附加值服务。保税物流中心可提供流通性的简单加工和增值服务，包括对货物进行分级分类、分拆分拣、分装、计量、组合包装、打膜、刷贴标志、改换包装、拼装等辅助性的简单作业。

（9）物流信息处理。第三方物流企业适时向物流解决方案提供商转变，为消费者提供个性化的增值服务，配合相关项目提供的业务平台、信息平台及政策平台，开发出针对本地区企业物流需求的配套方案（包括物流信息系统解决方案、物流优化配送解决方案、物流供应链管理解决方案、一体化物流解决方案等）。

📖案例拓展

（1）菜鸟网络。目前，菜鸟网络拥有超过150万平方米的保税物流中心，分布于全国多个口岸及地区。天猫国际使用菜鸟网络提供的保税备货服务。其备货流程如图6-7所示。通过菜鸟网络与申报平台的系统对接，海关对天猫国际订单的信息流、支付流、运单流实现透明化监管，实现系统自动进行三单比对，从而提高清关效率。

图6-7　菜鸟网络保税物流中心的备货流程

（2）天天云仓。天天云仓宁波跨境仓坐落在宁波北仓保税南区，采用全自动仓储设备和精细化仓储管理系统，并与申报系统进行对接，为入驻的跨境电子商务企业提供安全、便利、高效的仓储服务和清关服务，其优势如图6-8所示。

信息流替代货物流

不同于大多数仓库的高层代理模式，天天云仓是现代化、信息化的智能仓库，通过与仓库管理系统（Warehouse Management System, WMS）的无线对接，用信息流代替货物流，大大提高了工作效率

扩大异地市场

天天云仓在多地中心城市建立分仓，使消费者可选发货地增加，扩大了异地市场的占有率。基于大部分消费者就近购买的习惯，多地分仓不仅能带来更多的异地消费者，更能增加产品销量和订单数量

发货准确率达到99.7%

传统仓储主要采用人工配送，产品型号、禁危险品识别出错率高，而天天云仓全部采用智能化分拣及智能出入库技术，能在多环节进行多重监测

物流速度更快、成本更低

天天云仓通过中心分仓、区域配送，在全国九大区域提供次日达服务，不仅有效降低了物流成本，还极大地提高了物流速度

图6-8　天天云仓的优势

【思考】请比较这两种物流方式。

✳6.2.3　解读保税模式

1.“新政”的实施对保税备货模式造成了一定的冲击

自2016年4月8日起执行《关于跨境电子商务零售进口税收政策的通知》（后称为“新政”）以来，对于从事垂直品类自营自采业务的跨境电子商务平台来说，“新政”的实行将导

致境外商品涨价，但是这对一线城市消费者对境外商品的需求影响不大。

在"新政"发布之后，跨境电子商务平台保税备货的 SKU 数量成倍增加，品类也更加丰富，否则，品类的单一性将难以抵御税收"新政"对商品结构的冲击。

单个订单的订单行可能从原来的 3 个增长至 5 个以上。订单行的增多也对仓储拣货的复杂性和效率提出了更高的要求。

2．选择优质的品类很关键

跨境电子商务平台需要慎重考虑品类结构。若想要货源供应链可靠，则跨境电子商务平台需要关注以下几点。

（1）保证"拿到好货"，与国际大品牌合作。

（2）严控供应链安全。

（3）精准预测销售量，提高商品周转率，保证现金流通畅。

3．需要满足信息化要求

信息化主体包括保税物流中心、跨境电子商务平台、第三方快递运输系统、申报系统。各信息化主体实现信息对接，可提高配送和清关效率。保税模式的信息化要求如图 6-9 所示。

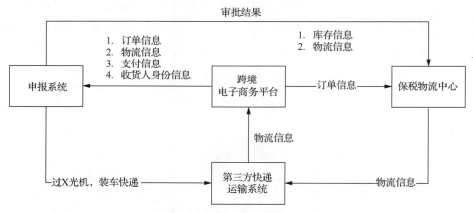

图 6-9　保税模式的信息化要求

6.3 直邮模式入境管理

跨境电子商务进口商品须满足"正面清单"的相关要求，不在"正面清单"的商品不得以跨境电子商务方式进口。"正面清单"中的商品可免于向海关提供许可证。

对于以直邮模式进口的商品，海关不予签发通关单；同时，海关按照国家市场监督管理总局对邮寄物和快件管理相关文件规定实施检验检疫。

❋ 6.3.1　包裹入境后的直邮申报

直邮模式实行的是先订单后物流的流程，对相关商品以包裹的形式进行申报。

如果是直接从境外商家直邮过来的包裹，则该包裹不属于跨境进口电子商务的范畴。对这类包裹进行报关，应使用行邮申报系统，税率适用行邮税。

海外集货直邮的流程（以郑州关区为例）如图 6-10 所示。

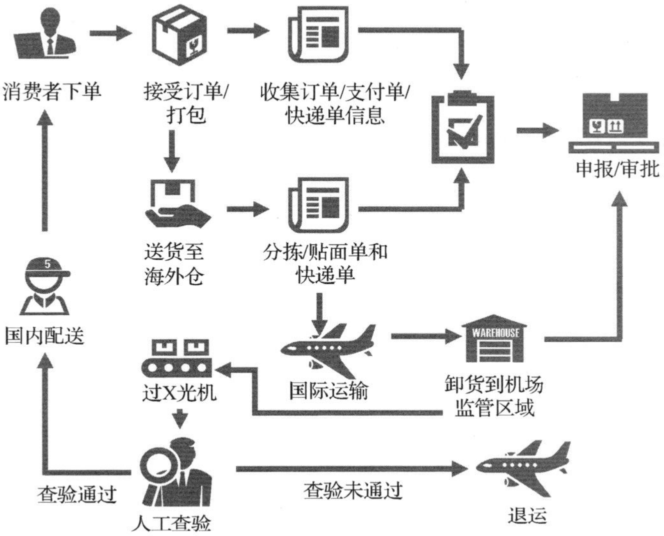

图 6-10　海外集货直邮的流程

（1）消费者在跨境电子商务平台上购买境外直邮商品。

（2）订单信息传送至海外仓后，海外仓根据订单信息进行分拣、包装、称重、粘贴面单和快递单，然后集合多个订单包裹进行国际运输，最终以单个包裹的形式直达境内。由于采用国际快递的货运时间较长，如果有条件，应以航空包机运输为主。

（3）集货直邮过来的包裹将在落地后卸货到机场监管区域。以郑州关区为例，备案的跨境电子商务平台需要在飞机落地郑州 3 个工作日之内将符合海关申报要求的信息发给报关服务平台进行申报。包裹中的商品必须在“正面清单”中，否则将以一般贸易方式通关。

（4）在中国口岸，按照单个包裹进行清关。这里涉及的主体包括海外仓运营企业、物流企业、跨境电子商务平台、支付企业、境内备案主体企业。报关服务平台需要对订单、支付单、快递单三单信息进行比对，并对符合“正面清单”的包裹进行申报。

（5）海关对申报信息进行审核、通关；国检对包裹进行抽检；包裹在通过报关报检后，需要过 X 光机查验。查验通过的包裹，直接装入，由境内快递企业进行分拨、派送；X 光机查验有问题的包裹，转为人工查验，人工查验有问题的包裹将直接退运。超个人购买限额的包裹需要消费者申报缴税。

6.3.2　三单比对

跨境电子商务企业或个人可运用跨境电子商务通关服务平台进行分送集报、结汇退税。通过“三单比对”模式，跨境直邮的时间将大幅缩减，消费者购买跨境商品将更快捷、更优惠。

申报系统会对跨境电子商务平台发来的信息（包括订单信息、支付单信息、快递单信息）进行三单比对。比对通过后，申报系统自动发起申报。

（1）订单信息包括订单号、购买人信息、商品列表、单价、实付金额、税额、支付单号、支付时间、支付人信息、收货人信息等。

（2）支付单信息是从支付机构处获得的，包括支付单号、金额、支付流水号、支付人信息、手机号等。

（3）快递单信息是从物流企业处获得的，包括订单号、运单号、快递公司名称、收件人信息等。

三单比对时，申报系统会考虑税收"新政"中对个人购买限额或单笔订单限额的规定，如果实付金额超过限额，则消费者需要申报缴税。

6.3.3 税费的计算

如今，我国对跨境电子商务主要执行两种税制：跨境电子商务综合税和行邮税。

1. 跨境电子商务综合税

在该税制下，对跨境电子商务零售进口商品征收关税和进口环节增值税、消费税；购买跨境电子商务零售进口商品的个人作为纳税义务人，以实际交易价格（包括货物零售价格、运费和保险费）作为完税价格。

跨境电子商务零售进口商品的单次交易限值为 5 000 元，个人年度交易限值为 26 000 元。在限值以内的进口商品，关税税率暂设为 0%；进口环节增值税、消费税取消免征税额，暂按法定应纳税额的 70%征收。完税价格超过单次交易限值但低于年度交易限值，而且订单中仅有一件商品时，可以自跨境电子商务零售渠道进口，按照商品税率全额征收关税和进口环节增值税、消费税，交易额计入年度交易总额。

相关税费的计算方法如下：

应征关税=完税价格×关税税率（关税税率为 0%，因此应征关税为 0）

法定计征的消费税=完税价格÷（1-消费税税率）×消费税税率

法定计征的增值税=（完税价格+正常计征的消费税税额）×增值税税率

应征消费税=法定计征的消费税×70%

应征增值税=法定计征的增值税×70%

【例 6-1】王小蒙在跨境电子商务平台上购买了一瓶单价为 100 元的化妆品，从海外仓免费直邮。化妆品的消费税税率为 15%，那么王小蒙需要支付的综合税是多少？

解：关税=0

消费税=100÷（1-0.15）×15%≈17.65（元）

增值税=（100+17.65）×13%≈15.29（元）

综合税=（17.65+15.29）×70%≈23.06（元）

2．行邮税

行邮税是行李和邮递物品进口税的简称，是海关对入境旅客行李物品和个人邮递物品征收的进口税。行邮税的征收主要针对入境旅客携带的行李物品和个人邮递物品中超出海关规定的数量但仍可被认定为个人自用的物品。按照有关规定，海关总署明确了一定数额内的个人自用进口物品免征进口税。例如个人邮寄入境物品，应征进口税额在人民币 50 元（含50 元）以下的，海关予以免征。海关判定的原则：一个是"自用合理"，另一个是"限定价值"。超过限值，则需要交邮政企业退运，或按照个人物品进行报关并征进口税。邮包内仅有一件物品且不可分割的，虽超过限值，但经海关审核确属个人自用的，可以按照个人物品规定征税入境。

行邮税的计算公式：行邮税=完税价格×行邮税税率。

【例 6-2】王小蒙让其在日本的同学帮忙购买了一款手表，价格为 800 元，从日本直邮回国。手表的行邮税率为 20%，那么王小蒙需要支付的行邮税是多少？

解：行邮税=800×20%=160（元）

3．两种税制的对比

部分商品的跨境电子商务综合税和行邮税的对比如表 6-1 所示。

表 6-1　部分商品的跨境电子商务综合税和行邮税的对比

项目	商品类别	增值税	消费税	行邮税
行邮税	婴幼儿用品、食品饮料、保健品和家居用品	0	0	13%
	服装、电子商品、自行车和手表	0	0	20%
	皮肤护理用品	0	0	25%
	化妆品	0	0	50%
跨境电子商务综合税	婴幼儿用品、食品饮料、保健品、家居用品和个人护理用品	13%	0	9.1%
	服装、电子商品、自行车和手表	13%	0	9.1%
	皮肤护理用品	13%	0	9.1%
	化妆品	13%	15%	9.1%

📖**案例拓展**

海外直邮和保税哪个好？

有人会问："国外有熟人，我让他帮我买了一些东西直邮给我，或我直接在跨境电子商务平台上买，哪个税费少一些？"

这个问题其实涉及跨境电子商务的两种模式，也是消费者经常会问的问题：购买进口商品，到底海外直邮好还是保税好？

在海外直邮模式下，入关时申报为个人物品，根据物品种类不同，对应不同的行邮税税率。在保税模式下，跨境电子商务平台通常提前备货到保税仓，在消费者下单后，申报系统根据跨境电子商务平台提交的相关信息进行清关。"两种模式在交税上哪个更划算"的问题没有标准答案，因为商品不同，其对应的税率是不同的。

【思考】你觉得海外直邮和保税哪个好？

▌问题思考▐

小明、小红和豆豆结伴去美国游玩。7月10日，她们各买了一瓶50毫升的女士香水，价格均为90美元。此后，她们于7月31日从上海入境。

小明向海关进行申报后，由于所带物品超过了5 000元，海关对小明携带入境的女士香水进行征税。

小红购买香水后，选择用快递方式寄给其好友。8月13日，海关对小红的包裹进行征税放行。

豆豆的香水是在美国某跨境电子商务平台上购买的，通过普邮形式邮寄回家。9月11日，海关对豆豆的包裹进行征税放行。

请问：小明、小红、豆豆分别要缴多少税款？

 保税模式入境管理

✳ 6.4.1 入库管理

1．保税备货商品在海关的监管下入区

在境外商品通过国际物流到达机场/港口并完成与机场/港口海关交接的手续后，货物将被装进海关监管车并被送到保税区码头。

货主获得这单货物放行的报关单后，即可安排车队拿着载货清单提货。

提货车队离开保税区码头卡口时，海关人员会对监管车辆进行加封，黑色铅封代表海关，黄色铅封代表国检，证明货物在运输过程中密封完好。

2．通关申请需要进行三单比对

通关申请的流程如下。

（1）跨境电子商务平台收到某货主的采购单数据后，需要准备通关申请的资料，包括提供三单信息、装箱单、合同、发票，并且需根据商品清单进行核查，以保证这单货物的商品都在"正面清单"中，否则将被退回。

（2）跨境电子商务平台的关务人员根据收到的三单信息及商品清单，在跨境电子商务平台上制作通关申请，并随附商品清单。通关申请包括贸易方式、海关协调制度编码、中文品名、数量、常用单位、净重、金额、币制、原产地、申报要素等。这里需要注意的是，这单货物的三单资料、通关申请资料和系统上填写的通关申请必须一致。

（3）跨境电子商务平台收到通关单后，进行报关单录入操作。如果没有通关单，就会被退单（申报不通过）。

3．保税物流中心的货物入库流程

保税物流中心的货物入库流程如图 6-11 所示。

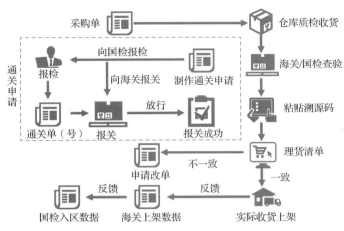

图 6-11　保税物流中心的货物入库流程

（1）海关放行后，当保税物流中心收到货物时，仓库收货人员对入库货物进行外包装、信息、数量的质检理货。

（2）海关/国检会提前告知需要查验的货物，保税物流中心将待检货物暂存在仓库海关/国检查验区，待检货物需要按照批次、SKU、序列号分类摆放。

（3）如果海关/国检未发现异常，则保税物流中心将对所有待上架货物粘贴溯源码，并按照理货清单核对，核对一致则进行实际收货上架操作；核对不一致，则申请改单。

（4）实际收货上架数据反馈至海关、国检。

4．特殊情况处理

（1）预入库信息与实际到货不符的处理方法如下。

① 到货数量少于预入库单预期数量时，仓库收货人员需要通知货主，然后根据与货主的沟通结果进行适当处理。

a．补货。下次到货补发，需明确补货的到达时间、单号，并且在补货到达前该批商品处于不可销售（即冻结）状态。

b．申请改单。同时修改海关提单并取消系统中错误的采购订单，重新下发正确的采购订单。

② 到货数量大于预入库单预期数量时，对于数量一致的部分，仓库收货人员按正常流程收货，并使货物进入预先发货通知（Advanced Shipping Note，ASN）状态；对于多出部分，仓库收货人员通知货主，以进行适当处理。

a．仓库临时收存。记录相应的货主、报检号、入库时间、货品、条码、库位等信息。

b．申请改单。同时修改海关提单并取消系统中错误的采购订单，重新下发正确的采购订单。

（2）如果实际入库的商品数量与申报时的采购数据不符，则跨境电子商务平台可以向海关申请改单，其保税物流中心需向海关申请到仓查验清点，通过申报系统更改报关单、通关申请，以及相关的进仓单、采购单、防伪溯源码、备案信息等信息。

5．入库商品信息的完整性对入库的影响

（1）同一款商品有多个商家供货。对于跨境电子商务平台来说，不同商家出售同一款商品的情况非常多，仓库工作人员可以建立不同的 SKU（具有不同的货主），并将商品放置在相邻库位上；也可以建立同一个 SKU，相同商家的同款商品入库时贴特殊标记。不管用什么方式，都需要在入库登记和出库复核时进行有效跟踪。

（2）对食品类商品进行有效期管理。因为食品类商品的有效期关系到食品安全问题，所以对其进行有效期管理非常重要，包括商品本身的有效期、入库时间等。这便于跨境电子商务营销团队针对处于不同有效期阶段的商品制定促销策略。

（3）商品信息需要包括入库订单的报检号信息，方便后续出库时进行清关。

（4）对商品进行批次管理。一般对于同一 SKU 下的商品，会根据一定的批次属性进行先进先出操作。这就是出货时所考虑的库存周转规则。这里的批次属性可以是入库时间、报检时间、失效日期等。

（5）商品包装。商品的长、宽、高要小于库位的长、宽、高，商品的包装数据（一箱有多少个商品）关系到出库拣货时针对多个单品订单的整箱拣货方式的实现。为了实现更加精细化的管理，某些跨境电子商务平台希望能够记录商品的单个重量及包装盒等物料的重量，以便简化或取消出库时的称重环节。

（6）商家数据。如果是跨境公共仓，则该仓库一定要关注商家是否备案；如果是跨境自营仓，则不需要考虑这一方面。

6．特殊商品的监管和上架

针对特殊商品（如进口食品等），保税物流中心要对相应的物流中心运营商进行资质备案，在进行商检时要对入库的商品进行抽查。

很多情况下，保税物流中心都会设置一个恒温区作为食品、化妆品监管区域。该区域包括单独的存储区和零拣区域，一般将温度控制在 20℃左右。

7．奢侈品的上架

针对奢侈品，保税物流中心通常会设置高价值区域，并由专人管理。奢侈品的入库过程会采取一件一码的方式进行管理，即每个商品有唯一的身份标识，以满足追踪的需要。

📖**案例拓展**

某垂直母婴跨境电子商务企业的入库管理

某垂直母婴跨境电子商务企业在宁波某保税物流中心的日常作业包括清关、报关报检、收货、验货、入库、张贴溯源码、上架、盘点、拣货、包装、称重、发货、订单信息处理等。仓库作业人员约 50 人。在日常作业中，收货、张贴溯源码、上架的工作量达到 35 000 件/日，该企业的仓储管理月度考核目标之一是收货及时率不低于 99.9%。

该仓库布局严格按照宁波海关要求进行区域划分，如图 6-12 所示，包括常温普通仓库及恒温仓库。保税物流中心的入库重点在于：入库上架的商品必须与海关上架数据、国检入区数据一致，遵守监管规范。

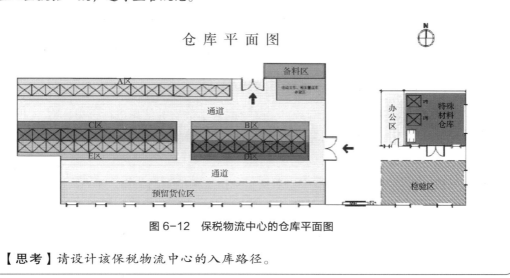

图 6-12　保税物流中心的仓库平面图

【思考】请设计该保税物流中心的入库路径。

6.4.2　出库管理

保税物流中心只对三单比对无异常的订单进行拣货出库作业。

1. 跨境申报系统进行三单比对

（1）订单中的实付金额即对应的支付单金额。

（2）跨境电子商务零售进口商品购买人的身份信息应进行认证；未进行认证的，购买人身份信息应与付款人一致。跨境电子商务平台须对在其上购买商品的消费者进行身份认证。目前，不要求购买人、收件人、支付人必须为同一人。

（3）消费者的个人年度累计消费金额超 2 万元则自动退单，单笔订单金额超 2 000 元则自动退单。

（4）订单中的支付流水号应与支付企业传来的支付单中的支付流水号相匹配。

（5）虽然信任支付企业传来的身份证信息，但系统还是会通过公安机关接口进行实名认证，匹配身份证号与姓名。

（6）海关通过控制每个身份证的购买频率、重复购买率、收件人地址频率来规范"个人合理自用"的要求。

2. 保税物流中心的出库流程

保税物流中心的出库流程如图 6-13 所示。

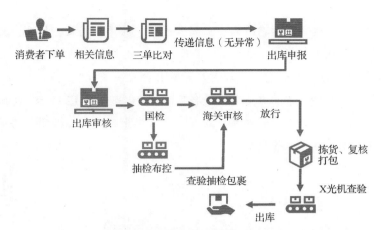

图 6-13　保税物流中心的出库流程

（1）申报系统针对跨境电子商务平台提交的订单数据等信息进行三单比对。

（2）申报系统将三单比对无异常的信息发送给保税物流中心，保税物流中心可以进行出库申报并进行审核。

（3）国检进行抽检，保税物流中心负责单独拣选抽检到的货物，并将其送至抽检布控区；国检检查放行后，海关进行审核；未抽检到的货物在国检放行后，海关进行审核。

（4）海关放行后，保税物流中心进行正常的订单分拣、复核打包等常规作业。

（5）复核后的包裹被分批放入海关 X 光机中进行查验，以判断是否为放行货物。查验通过后，包裹出库。

　知识拓展

出库申报单

出库申报单由跨境电子商务平台根据三单信息生成并向海关进行出库申报。出库申报单包括申报单号、订单号、跨境电子商务平台名称、下单时间、金额、税额、运费、买家身份信息、联系方式、商品备案货号、商品名称、数量、快递单号等。出库申报单需要同时包括订单信息、支付单信息、快递单信息。

订单信息中必须包括买家的姓名、联系方式、证件信息，便于海关对个人单笔或全年免税限额进行计算。

3．海关/国检抽检布控

海关/国检会抽检部分订单商品，这些订单形成单独批次进行拣货任务的下发，抽检订单最先进行拣货作业。

保税物流中心直接将抽检包裹送至国检抽检布控区或国检处进行查验，保证包裹里的商品与订单是一致的。

国检抽检结果分为通过和不通过。通过的商品会回到保税物流中心进行二次包装，然后按正常出库流程完成后续操作；未通过的商品的订单将被删除，海关/国检会将相关信息反馈给相关的跨境电子商务平台。

4．常见的拣选模式及其适用环境

（1）边拣边分模式。若订单明细的重合度低，则推荐采用边拣边分模式。通过区域优化将附近拣货区域的订单合并为同一批次，保证拣货人员完成批次拣选任务的拣货路径最短。有条件的情况下，拣货人员可以使用手持扫描识别设备进行拣选，根据指定路径将相应的SKU 和数量分发到边拣边分小车的指定货格中。拣货完成后，拣货人员将相关信息直接推送到复核台。

（2）先拣后分模式。若订单 SKU 的重合度高或者需跨楼层、跨区域拣货等，则推荐采用先拣后分模式。拣货人员根据拣货任务分别拣货，并集货到播种台。播种人员在播种墙上进行播种，可以使用电子标签提示播种位及手持扫描识别设备来配合播种操作。播种完成后，播种人员将相应货格的商品送至复核台。

 行业观察

你所不知道的关于外来物种入侵的危害

你见过图 6-14 所示的这种黄花吗？它看上去挺养眼，但实际上是名副其实的"我花开后百花杀"：繁殖能力惊人，与周围植物抢阳光肥料，无论是庄稼还是野草，都抢不过它。它是外来物种，从北美漂洋过海而来，名唤"加拿大一枝黄花"。

图 6-14　加拿大一枝黄花

有人会问：一朵花而已，至于这么大惊小怪吗？可别小看这个外来物种。生物安全关乎人民生命健康，关乎国家长治久安，关乎中华民族永续发展，是国家总体安全的重要组成部分，也是影响乃至重塑世界格局的重要力量。

这里说的"生物安全"，主要涉及外来物种入侵。

《中华人民共和国生物安全法》由中华人民共和国第十三届全国人民代表大会常务委员会第二十二次会议于 2020 年 10 月 17 日通过，自 2021 年 4 月 15 日起施行。国门生物安全作为国家安全体系的重要环节，近年来一直面临严峻考验，守住国门生物安全，我们责无旁贷。《2020 中国生态环境状况公报》显示，目前我国境内已发现 660 多个外

来入侵物种，其中71种对自然生态系统"造成或具有潜在威胁"，219种"已入侵国家级自然保护区"。

外来入侵物种传入途径主要分为人为有意引进、人类无意传播和自然扩散3种。

（1）人为有意引进：主要包括人们出于农林牧渔业生产、生态环境建设、生态保护、观赏等目的有意引进某些物种，但其生长失去控制而泛滥成灾。例如我国作为牧草或饲料引进的水花生、水葫芦等。

（2）人类无意传播：主要包括随交通工具带入，随农产品的国际贸易带入，随动植物引种带入，随国际游客及其行李带入等。

（3）自然扩散：主要包括通过自身繁殖扩散和风力、水流、动物等途径进行的扩散。

当然，"外来物种"不全是坏的。日常生活中许多常见的食物、植物，不少是历史上通过对外交流引入的。核桃、葡萄、哈密瓜、火龙果、红薯、烟草、西番莲、玉米……原来都是"外来户"。粗略统计，新中国成立前，有几百个外来物种。随着交通工具的发展、贸易往来的增加，外来物种入侵的风险不断上升。研究发现，外来入侵物种数量与进口量呈正相关，因为车、船、飞机、集装箱和包装材料经常成为外来物种搭乘的便车。

外来物种入侵的危害有哪些？一是削弱生态系统，导致当地生态系统单一化或退化，破坏生态平衡。二是污染生态环境，致使牲畜死亡，直接或间接危害人类健康。三是引起食物网络结构崩溃，导致当地物种退化、多样性锐减甚至灭绝。

海关是实现国门生物安全的第一道防线和屏障。海关总署2021年2月1日发布消息，2020年海关总署系统梳理境外动植物疫情和外来物种传入途径，加强口岸查验，实施早期预警，指导全国海关进一步筑牢口岸检疫防线。全年海关截获的6.95万次检疫性有害生物达384种，并从进境旅客携带物、寄递物中截获外来物种1258种，4270批，它们来自102个国家或地区，退回或销毁来自38个国家（地区）的进口农产品579批，有力保障了国内农业生产安全、生态环境安全和人民群众生命健康安全。

保障国门生物安全是一项长期而艰苦的工作，需要专业人士的科学精细管理，更需要普通百姓的广泛参与。就像多地号召见到"加拿大一枝黄花"就随手拍照举报一样，生物安全领域也需要培养一批火眼金睛的"朝阳群众"，让外来的"不速之客"无处遁形。

【拓展讨论】请搜集资料，全面了解外来物种入侵，并思考外来物种入侵为中国带来了哪些危害。

测试与思考

1. 简答题

（1）什么是集货直邮模式？

（2）什么是保税备货模式？

（3）阐述在物流速度和退换货方面，跨境直邮模式、集货直邮模式、保税备货模式的不同之处。

2. 不定项选择题

（1）在消费者购买境外商品之后，商家在境外打包，直接通过国际物流发货，然后在境内清关后将商品直接配送到消费者手中，这种模式是（　　　　）。

  A. 集货直邮模式　 B. 跨境直邮模式

  C. 保税备货模式　 D. 一般贸易

（2）保税备货模式实际上是（　　　　）。

  A. 先物流，后订单　 B. 先订单，后物流

  C. 物流和订单同时履行　 D. 不需要订单信息

（3）下列哪个模式需要具备保税仓资源？（　　　　）

  A. 集货直邮模式　 B. 保税备货模式

  C. 跨境直邮模式　 D. 个人代购

（4）在商品进入保税区时，由哪个部门验核入境货物通关单？（　　　　）

  A. 检验检疫　 B. 海关　 C. 国税　 D. 保税区

（5）针对订单 SKU 重合度高或者仓库跨楼层跨区域的拣货，推荐采用哪种拣选模式？（　　　　）

  A. 边拣边分　 B. 先拣后分　 C. 先分后拣　 D. 无所谓顺序

（6）三单比对包括哪些信息？（　　　　）

  A. 订单信息　 B. 快递单信息　 C. 支付单信息　 D. 身份信息

（7）集货直邮模式对哪些资源要求比较高？（　　　　）

  A. 海外仓　 B. 清关能力

  C. 多元化的干线运输　 D. 保税仓

（8）需要遵循"正面清单"的物流模式是（　　　　）。

  A. 保税备货模式　 B. 集货直邮模式

  C. 一般贸易　 D. 个人代购

3. 判断题

（1）保税备货模式的核心资源在于 B2C 保税物流中心。（　　　）

（2）集货直邮模式和保税备货模式是跨境电子商务零售进口的主要物流模式。（　　　）

（3）当到货数量少于预入库单预期数量时，部分货品上架后可以正常销售。（　　　）

（4）在保税备货模式下，发出的商品不允许退回保税仓。（　　　）

4. 计算题

一个订单包括 1 支口红（价格为 200 元，消费税税率为 15%）和 1 包纸尿裤（价格为 100 元，消费税税率为 0%）。该订单的优惠金额为 10 元，运费为 6 元，请比较行邮税和跨境电子商务综合税的税费并填写表 6-2（运费按照商品金额分配给商品）。

表 6-2　两种税制的税费分析　　　　　　　　　　　　　　　　　　　单位：元

税费	行邮税	跨境电子商务综合税
关税额		
增值税额		
消费税额		
优惠金额合计		
税额		
买家实付金额		

第 7 章

跨境电子商务通关

🛒 本章导入

"中国海关"强国号：黄埔海关出口包裹首次突破 15 亿票

在东莞市启盈跨境电商产业园内，黄埔海关所属沙田海关关员正在利用 CT 机对一批跨境电商包裹实施非侵入式检查。查验无异常后，该批包裹"秒速通关"，随即被快速打包装运，将于 5 日内运送到埃及消费者手中。这是 2024 年黄埔海关监管出口的第 15 亿票商品。

为支持跨境电商高效出海，黄埔海关主动创新监管模式，根据企业实际需求在关区内开展跨境电商出口"先查验后装运"试点，商品在仓库装车同时完成海关申报工作，将关企双方作业流程由"串联式"升级为"并联式"，海关监管无缝嵌入电商企业"订单生成、仓储物流、申报清关"各个环节，同时依托非侵入式设备、信息化联网核查等手段保障监管效能，跨境电商商品出口由此前的 4 小时通关缩减至最快"读秒"通关，实现"管得住、通得快"。

除了物流效率外，退货是平台保护消费者权益的又一项重要服务。顺畅的退货过程为消费者提供了便捷的购物体验，为企业树立了良好的品牌形象，同时也为产品赢得国际市场声誉，增加用户黏性。黄埔海关聚焦企业退货需求，完善跨境电商商品退货服务链条，实行跨关区退货等便利措施，指导企业完善退货流程监控体系和商品溯源体系，通过"卡口管理、单证审核、实货监管"联动强化监管，实现通关"零延时"，有力保障全球消费者"放心买"，国内商家"放心卖"。

学习导航

小节内容	职业能力目标	知识要求	素养目标
7.1 跨境电子商务 B2C 进口通关	能掌握跨境电子商务 B2C 进口通关流程	1. 掌握跨境电子商务 B2C 进口的 3 种模式 2. 掌握跨境电子商务 B2C 进口通关流程 3. 熟悉跨境电子商务 B2C 进口的 3 种模式的区别和联系	1. 具备较高的政治素质、良好的职业素养，形成爱岗敬业、遵纪守法、团结协作、严谨务实的工作作风 2. 热爱跨境贸易事业，诚实守信，责任心强，耐心细致，做事认真
7.2 跨境电子商务 B2C 出口通关	能掌握跨境电子商务 B2C 出口通关流程	1. 掌握跨境电子商务 B2C 出口的两种模式 2. 掌握跨境电子商务 B2C 出口通关流程 3. 熟悉跨境电子商务 B2C 出口的两种模式的区别和联系	
7.3 跨境电子商务 B2B 出口通关	能掌握跨境电子商务 B2B 出口通关流程	1. 掌握跨境电子商务 B2B 出口的两种模式 2. 掌握跨境电子商务 B2B 出口通关流程 3. 了解跨境电子商务出口与一般贸易出口的异同点	

知识与技能

7.1 跨境电子商务 B2C 进口通关

中国的跨境电子商务平台以出口业务为主，进口业务只占总量的 15%，其中，B2C 进口业务占整个跨境电子商务进口业务的近 20%，虽然跨境电子商务 B2C 进口的总规模十分有限，但是这个领域非常有潜力。这一领域的持续发展让海关等相关部门及时调整了针对性的监管政策。本节主要介绍跨境电子商务 B2C 进口模式、通关流程和模式对比。

✳ 7.1.1 跨境电子商务 B2C 进口模式

跨境电子商务 B2C 进口模式可分为"9610"直购进口模式、"1210"保税进口模式和"1239"保税进口模式。下面分别进行介绍。

1."9610"直购进口模式

"9610"为海关监管方式代码，全称为"跨境贸易电子商务"，简称为"电子商务"，适用于境内个人或电子商务企业通过电子商务平台实现交易，并采用"清单核放、汇总申报"

模式办理通关手续的电子商务零售进出口商品（通过海关特殊监管区域或保税监管场所一线的电子商务零售进出口商品除外）。

以"9610"海关监管方式开展电子商务零售进出口业务的电子商务企业、监管场所经营企业、支付企业和物流企业应当按照规定向海关备案，并通过电子商务通关服务平台实时向电子商务通关管理平台传送交易、支付、仓储和物流等数据。

2. "1210"保税进口模式

"1210"为海关监管方式代码，全称为"保税跨境贸易电子商务"，简称为"保税电商"，适用于境内个人或电子商务企业在经海关认可的电子商务平台实现跨境交易，并通过海关特殊监管区域或保税监管场所进出的电子商务零售进出境商品［海关特殊监管区域、保税监管场所与境内区外（场所外）之间通过电子商务平台交易的零售进出口商品不适用该监管方式］。"1210"海关监管方式适用于进口时仅限经批准开展跨境贸易电子商务进口试点的海关特殊监管区域和保税物流中心（B型）。

以"1210"海关监管方式开展跨境贸易电子商务零售进出口业务的电子商务企业、海关特殊监管区域或保税监管场所内的跨境贸易电子商务经营企业、支付企业和物流企业应当按照规定向海关备案，并通过电子商务平台实时传送交易、支付、仓储和物流等数据。

▌ **问题思考** ▌

目前，跨境电子商务零售进口试点城市有哪些？

3. "1239"保税进口模式

"1239"为海关监管方式代码，全称为"保税跨境贸易电子商务 A"，简称为"保税电商 A"，适用于境内电子商务企业通过海关特殊监管区域或保税物流中心（B型）一线进境的跨境电子商务零售进口商品。

开展跨境电子商务零售进口业务的城市暂不适用"1239"海关监管方式。

📖**案例拓展**

"1210"模式和"1239"模式的区别

跨境电子商务新政出台后，国内保税进口分为两种：一是针对新政出台前批复的具备保税进口试点资格的城市，二是针对新政出台后开放保税进口业务的其他城市。海关在监管时将二者区分开来：对于免通关单的试点城市，继续使用"1210"保税进口模式；对于需要提供通关单的其他城市（非试点城市），采用"1239"保税进口模式。

"1210"保税进口模式和"1239"保税进口模式的适用场景不同，"1210"保税进口模式要求开展区域必须是批准跨境贸易电子商务进口试点的城市的特殊监管区域，而"1239"保税进口模式没有对城市做具体要求，意味着只要"符合海关特殊监管区域或保税物流中心（B型）"条件即可。

跨境电子商务新政出台前，所有城市如果申报进口涉及进口通关单的商品都适用"1210"保税进口模式，但试点城市可以通过特殊申报通道，暂缓提交通关单。跨境电子商务新政出台以后，试点城市继续使用"1210"保税进口模式，非试点城市则使用"1239"保税进口模式，并需要提交通关单。

【思考】请搜集资料，谈一谈你对"1210"和"1239"两种保税进口模式的理解。

7.1.2 跨境电子商务 B2C 进口通关流程

消费者在跨境电子商务平台购买进口商品后，一般会经过 3 个环节：企业向海关传输"三单"信息（包括电子订单、电子快递单及电子支付单信息）并向海关申报《中华人民共和国海关跨境电子商务零售进出口商品申报清单》（以下简称《申报清单》）；海关实施监管后放行；企业将海关放行的商品进行装运配送，消费者收到包裹完成签收。其主要通关流程如图 7-1 所示。

图 7-1　主要通关流程

1．进口商品申报

消费者在完成商品选购后，进口商品申报前，跨境电子商务企业或跨境电子商务企业境内代理人、支付企业、物流企业分别通过国际贸易"单一窗口"或跨境电子商务通关服务平台向海关传输相关的电子订单信息、电子快递单信息及电子支付单信息。进口商品申报时，跨境电子商务企业境内代理人或其委托的报关企业根据"三单"信息向海关申报《申报清单》。进口商品申报"三单"信息如图 7-2 所示。[依据：《关于跨境电子商务零售进出口商品有关监管事宜的公告》（海关总署公告 2018 年第 194 号）第（六）条、第（八）条]

图 7-2　进口商品申报"三单"信息

2．海关通关监管

海关依托信息化系统实现"三单"信息与《申报清单》的自动比对。一般情况下，规范、完整的《申报清单》经海关快速审核后放行，实现"秒级通关"。对于部分通过风险模型判定存在风险的，经海关审核单证及查验商品无误后方可放行。海关通关监管流程如图 7-3 所示。

3．包裹配送签收

企业在通关口岸可以对经海关监管放行的进口商品进行打包、装车、配送，进口商品的主要通关流程结束。消费者收到进口商品后，完成签收。包裹配送签收流程如图 7-4 所示。

海关审单、查验

进口商品申报　　系统审核

商品放行

图 7-3　海关通关监管流程

商品放行　　　　装车配送　　　　包裹签收

图 7-4　包裹配送签收流程

跨境电子商务 B2C 进口商品整体通关流程较为便捷快速。相关企业在通关环节还需关注以下事项。

（1）关注进口商品范围。通过跨境电子商务渠道申报进口的商品，须符合《跨境电子商务零售进口商品清单调整表（2022 版）》范围，清单调整表范围以外的商品无法通过跨境电子商务渠道进口。[依据：《关于调整跨境电子商务零售进口商品清单的公告》（财政部公告2022 年第 7 号）]

（2）关注税款担保额度。跨境电子商务零售进口商品采用"凭保放行"的模式进行监管。如果企业销量在短时间内迅速增长，可能会出现企业担保额度不足，造成无法正常向海关申报《申报清单》的情况。跨境电子商务企业、物流企业或申报企业可提前评估担保额度情况，及时向海关提交足额有效的担保税款。[依据：《关于跨境电子商务零售进出口商品有关监管事宜的公告》（海关总署公告 2018 年第 194 号）第（十六）条]

（3）关注商品退货时效。跨境电子商务零售进口商品发生退货的，退货企业应在《申报清单》放行之日起 30 日内向海关申请，并在《申报清单》放行之日起 45 日内将退货商品运抵原海关监管作业场所、原海关特殊监管区域或保税物流中心（B 型）。物流压力较大时，有办理商品退货需求的企业，需合理安排相关事项的申请及物流配送时间。[依据：《关于跨境电子商务零售进口商品退货有关监管事宜的公告》（海关总署公告 2020 年第 45 号）第（三）条]

（4）关注进口限值要求。跨境电子商务零售进口商品单次交易限值为 5 000 元，年度交易限值为 26 000 元。完税价格超过 5 000 元的单次交易限值但低于 26 000 元的年度交易限值，且订单中仅有一件商品时，可以自跨境电子商务零售渠道进口，按照货物税率全额征收关税和进口环节增值税、消费税，交易额计入年度交易总额；年度交易总额超过年度交易限值的，应按一般贸易管理。

对于不符合上述跨境电子商务零售进口限值管理要求的进口商品，将无法通过跨境电子商务渠道办理通关手续，尤其是超限值的直购进口商品运抵海关监管场所后需进行退运处理，这会增加企业物流成本。为减少上述情况的发生，企业可在销售商品前，提醒消费者提前查看其年度交易限值使用情况。[依据:《关于完善跨境电子商务零售进口税收政策的通知》（财关税〔2018〕49号）]

📖**实操拓展**

跨境电子商务个人年度交易限值使用情况查询

查询跨境电子商务个人年度交易限值使用情况的方法如下。

① 登录中国海关官网。

② 在首页底部，单击"我要查"图标，如图7-5所示。

图7-5 单击"我要查"图标

③ 在打开的"我要查"界面中，选择"跨境年度个人额度查询"，如图7-6所示。如果之前从未查询过，需要先注册再查询，老用户直接登录即可。注册登录界面如图7-7所示。

图7-6 选择"跨境年度个人额度查询"选项

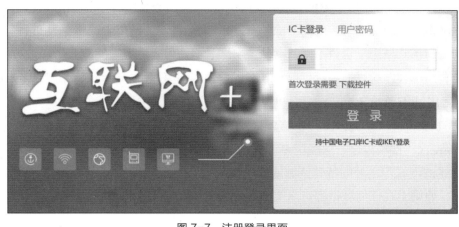

图 7-7　注册登录界面

④ 单击"登录"按钮，进入查询界面（见图 7-8）即可查询。

图 7-8　查询界面

（5）关注促销商品报备。进口商品促销前，跨境电子商务企业应将商品种类、数量、价格、促销时间等向业务所在地海关现场监管部门进行报备，便于海关及时掌握企业促销情况，有效实施监管。

7.1.3　跨境电子商务 B2C 进口模式对比

1．税收政策相同

3 种进口模式在税收政策上享受相同优惠。一般情况下，同普通商品相比，进口商品在税收上具有较大优势：在个人年度交易限值以内进口的跨境电子商务商品，关税税率均为 0%，进口环节增值税、消费税暂按法定应纳税额的 70% 征收。以奶粉为例，若作为普通商品进口，缴纳税款合计为销售价格的 30%；若按照跨境电子商务方式进口，则缴纳税款合计不到销售价格的 10%，税收优惠显而易见。

2．适用商品范围不同

适用这 3 种模式的进口商品均在《跨境电子商务零售进口商品清单（2022 年版）》中列出。《跨境电子商务零售进口商品清单（2022 年版）》的备注中对部分商品（如粮食、冷冻水产品等）的进境方式、年度进口数量、有关限制等进行了说明，如有的商品备注为"列入《进出口野生动植物种商品目录》的商品除外"，有的商品备注为"仅限网购保税商品"。

不同进口模式适用于进口不同的商品。家庭长期使用、适宜囤货的商品，如奶粉、纸尿裤等，适合用两种保税进口模式进口；直购进口模式则适用于进口品类齐全的商品。

3. 适用城市要求不同

"1210"保税进口模式目前只能在全国 86 个试点城市及海南岛全岛的海关特殊监管区域（含综合保税区、保税港区、保税区等）或保税物流中心（B 型）内实施。"1239"保税进口模式在上述试点城市之外的特殊区域或保税物流中心实施。"9610"直购进口模式没有实施城市限制，原则上在任何城市都可以实施。

4. 入境后的暂存地点不同

使用"1210"和"1239"保税进口模式的商品作为保税货物存储在特殊区域或保税物流中心，存放时间可能长达数月。

使用"9610"直购进口模式的商品在海关监管作业场所内暂存、即刻放行。

5. 物流模式不同

使用"1210"和"1239"保税进口模式的商品一般通过海运方式批量运至特殊区域或保税物流中心，待境内消费者下单后，再运送至消费者手中。因已在境内备货，故其订单响应速度快，运输时间短，综合运费低。

使用"9610"直购进口模式的商品在境外已经根据每个订单打好小包，统一通过航运等国际物流方式运输至境内海关监管作业场所，按照小包逐个向海关申报（可能会被抽中查验），海关放行后再运送至消费者手中。其缺点是商品运输时间长，运费高（运输方式主要是航运），时效性低。

保税进口模式与直购进口模式的物流模式对比如图 7-9 所示。

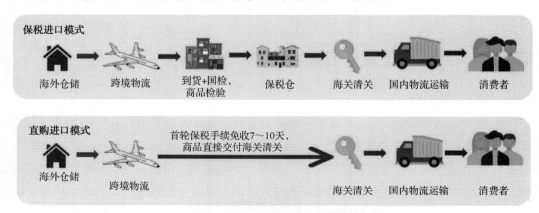

图 7-9　保税进口模式与直购进口模式的物流模式对比

6. 商品首次进口要求不同

海关对采用不同进口模式的商品及个人物品，在数量、金额、许可证等方面执行不同的监管规定。

"1210"保税进口模式和"9610"直购进口模式按个人自用入境物品监管要求执行，不执行有关商品首次进口许可批件、注册或备案要求，但对相关部门明令暂停进口的疫区商品和对出现重大质量安全风险的商品启动风险应急处置时除外。

"1239"保税进口模式按照《跨境电子商务零售进口商品清单（2019年版）》尾注中的有关要求执行：跨境电子商务零售进口商品清单中商品免于向海关提交许可证件；网购保税商品"一线"进区时需按货物监管要求执行，"二线"出区时参照个人物品监管要求执行；依法需要执行首次进口许可批件、注册或备案要求的化妆品、婴幼儿配方奶粉、药品、医疗器械、特殊食品（包括保健食品、特殊医学用途配方食品等）等，按照国家相关法律法规执行。

7.2 跨境电子商务 B2C 出口通关

中国是世界上重要的产品出口大国，在整体出口总量相对稳定的情况下，跨境电子商务出口逐步取代一般贸易，呈现快速扩张之势，B2C市场潜力有望得到释放。近年来，得益于政策扶持、行业发展环境的逐步完善，我国跨境电子商务B2C出口取得了良好的发展。本节主要介绍跨境电子商务B2C出口模式、通关流程和模式对比。

❋ 7.2.1 跨境电子商务 B2C 出口模式

跨境电子商务B2C出口模式可分为"9610"一般出口模式和"1210"特殊区域出口模式，下面分别进行介绍。

1．"9610"一般出口模式

"9610"是海关监管方式代码，该监管方式适用于境内个人或电子商务企业通过电子商务平台实现交易，并采用"清单核放、汇总申报"模式办理通关手续的电子商务零售进出口商品。

简单而言，"9610"一般出口就是境内个人或电子商务企业将商品直邮到境外消费者手中。

"9610"一般出口模式针对的是小体量的出口业务。它采用"清单核放，汇总申报"的方式，由个人或电子商务企业将数据推送给税务、外汇管理部门，实现退税。

 知识拓展

"9610"政策出现的原因

对于采用邮寄、快递方式出口的卖家来说，若按一般贸易出口模式对单个包裹报关清关，则需要投入大量的人力、物力，这必然不利于中小卖家的发展。

因此，为方便这类卖家退税，国家出台了"9610"政策。"9610"政策是一种通关模式，早在2014年就出现了。当时，海关总署增列海关监管方式代码"9610"，专为销售对象为单个消费者的中小跨境电子商务企业服务。在"9610"模式下，海关只需对跨境电子商务企业事先报送的出口商品清单进行审核，审核通过后就可办理实货放行手续。对企业来说，这不仅提高了通关效率，而且降低了通关成本。

2."1210"特殊区域出口模式

"1210"是海关监管方式代码，该监管方式适用于境内个人或电子商务企业在海关认可的电子商务平台实现跨境交易，并通过海关特殊监管区域或保税监管场所进出的电子商务零售进出口商品。

"1210"相当于境内个人或电子商务企业把生产的商品存放在海关特殊监管区域或保税监管场所的仓库中，可申请出口退税，然后按照订单由仓库发给境外消费者。

❋ 7.2.2 跨境电子商务 B2C 出口通关流程

1."9610"一般出口通关流程

"9610"一般出口通关的核心有两点：一是清单核放，即跨境电子商务出口企业将"三单信息"（订单信息、快递单信息、支付单信息）推送到国际贸易"单一窗口"，海关对清单进行审核并办理货物放行手续，通关效率更高，通关成本更低；二是汇总申报，即跨境电子商务出口企业定期汇总清单，形成报关单进行申报，海关为企业出具报关单退税证明，解决企业出口退税难题。"9610"一般出口通关流程如下。

（1）企业注册。凡是开展跨境电子商务零售出口业务的企业，包括跨境电子商务企业、物流企业等，如需办理报关业务，则应当到所在地海关办理信息登记。

（2）通关申报。在跨境电子商务零售出口商品申报前，跨境电子商务企业或其代理人、物流企业应当分别通过国际贸易"单一窗口"或跨境电子商务通关服务平台，向海关传输有关交易、收款、物流等的电子信息，申报出口明细清单。

（3）离境结关。出口申报清单放行后，跨境电子商务零售出口商品通过运输工具运输离境，对应出口申报清单结关。

（4）汇总申报。跨境电子商务零售商品出口后，跨境电子商务企业或其代理人应当在每月15日前按规定汇总上月结关的出口申报清单，形成出口报关单，允许以"清单核放、汇总统计"方式办理报关手续的，则不再汇总。

2."1210"特殊区域出口通关流程

"1210"特殊区域出口分为"跨境电子商务特殊区域包裹零售出口"和"跨境电子商务特殊区域出口海外仓零售"两种形式。

"跨境电子商务特殊区域包裹零售出口"是指企业将商品批量出口至区域（中心），海关对其实行账册管理；境外消费者通过跨境电子商务平台购买商品后，商品通过快递形式送达境外消费者。

"跨境电子商务特殊区域出口海外仓零售"是指企业将商品批量出口至区域（中心），海关对其实行账册管理；企业在区域（中心）内完成理货、拼箱后，将商品批量出口至海外仓，通过跨境电子商务平台完成零售后再将商品从海外仓送达境外消费者。

跨境电子商务特殊区域包裹零售出口与跨境电子商务特殊区域出口海外仓零售在通关流程方面的区别如图 7-10 所示。

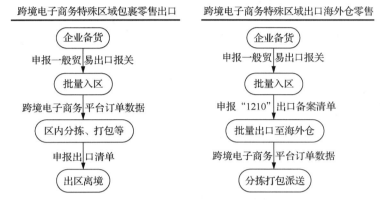

图 7-10　跨境电子商务特殊区域包裹零售出口与跨境电子商务特殊区域出口海外仓零售的通关流程对比

✳ 7.2.3　跨境电子商务 B2C 出口模式对比

1．场所不同

"1210"特殊区域出口模式：作业场所在海关特殊监管区域或保税物流中心（B 型）内。

"9610"一般出口模式：应符合海关监管作业场所的规范要求，配置非侵入式检查设备并将其置于自动传输和分拣设备上，应按照快递类或者邮递类海关监管作业场所规范设置。

2．申报模式不同

"1210"特殊区域出口模式：包括"跨境电子商务特殊区域包裹零售出口"和"跨境电子商务特殊区域出口海外仓零售"两种形式，分别使用清单申报和报关单申报。

"9610"一般出口模式：分为"清单核放，汇总申报"模式和"清单核放，汇总统计"的简化申报模式，均通过清单进行申报，但前者需要汇总报关单。

3．业务流程不同

"1210"特殊区域出口模式：商品以批量形态从境内进入区域（中心），实行海关账册管理，入区后申报清单或报关单出境，送达境外消费者或海外仓。

"9610"一般出口模式：商品直接以小包裹申报出境，放行后通过国际快递直接送达境外消费者。

4．适用政策不同

"1210"特殊区域出口模式：相关监管政策还在制定完善中。

"9610"一般出口模式：海关总署操作规程已出，政策较完善；"清单核放，汇总统计"的简化申报模式只适用于跨境电子商务综合试验区城市。

 知识拓展

"1210"特殊区域出口模式到底有什么魅力？

在"1210"特殊区域出口模式（以下简称"1210"模式）出现之前，跨境电子商务出口小包订单面临的主要问题是不规范、不透明、不真实。此前，很多卖家没有报关单据，无法退税，因为使用的是"灰色清关"模式。在"1210"特殊区域出口模式下，客户需要提供真实的数据，跨境电子商务平台可以通过加密技术，使从线下到线上的整个流程实现可监控、可追溯。例如通过网络远程实时观看生产线、商品包装、车辆运输的视频，即时了解商品运输的情况、质量数据、生产数据、物料信息等。此外，视频可保存在海关指定云端，方便管理调阅。这样跨境电子商务平台就可以为卖家提供合规出口申报数据。

另外，因为"1210"特殊区域出口模式是在特殊区域实施的，所以以下优势是"9610"一般出口模式无法比拟的。

（1）退货：跨境电子商务企业通过"1210"特殊区域出口模式出口的商品可以退回保税区进行重新清理、维修、包装后再销售，这样一来，境内仓储和人工成本得以减少，企业可以节约成本。

（2）各种贸易属性的货物混装：跨境电子商务平台的某些商品是向加工贸易企业采购的，这些商品只能在完成出口手续后才能交付跨境电子商务平台使用，而"1210"模式可以实现一般贸易货物和加工贸易货物一同在保税区完成打包后再出口。

（3）拼柜：跨境电子商务平台的FBA货物可以与一些对时效要求不高的货物拼柜，通过海运送至目的地港口后再分拨。

（4）买全球、卖全球：跨境电子商务平台在境外采购的货物可以进入保税区存放，然后根据需要可以将货物以包裹的方式清关后寄递给境内外的客户，这样既避免了制作通关单的麻烦，也节省了关税，减少了卖家的资金占用。

7.3 跨境电子商务 B2B 出口通关

跨境电子商务 B2B 出口即"跨境电子商务企业对企业出口"，是指境内企业通过跨境物流将货物运送至境外企业或海外仓，并通过跨境电子商务平台完成交易的贸易形式。境内企业根据海关要求传输相关电子数据。跨境电子商务 B2B 出口主要包括"9710"跨境电子商务 B2B 直接出口和"9810"跨境电子商务 B2B 出口海外仓两种模式。

❋ 7.3.1　跨境电子商务 B2B 出口模式

1．"9710"跨境电子商务 B2B 直接出口

"9710"跨境电子商务 B2B 直接出口是指境内企业通过跨境电子商务平台与境外企业达成交易后，通过跨境物流将货物直接出口至境外企业。

2．"9810"跨境电子商务 B2B 出口海外仓

"9810"跨境电子商务 B2B 出口海外仓是指境内企业先将货物通过跨境物流出口至海外仓，通过跨境电子商务平台实现交易后，从海外仓将货物送达境外企业。

❋ 7.3.2　跨境电子商务 B2B 出口通关流程

1．通关流程

对于单票金额超过 5 000 元，或涉证、涉检、涉税的跨境电子商务 B2B 出口货物，企业应通过 H2018 通关管理系统办理通关手续；对于单票金额在 5 000 元（含）以内，且不涉证、不涉检、不涉税的跨境电子商务 B2B 出口货物，企业可以通过 H2018 通关管理系统或跨境电子商务出口统一版通关服务系统办理通关手续。

企业应通过"国际贸易'单一窗口'标准版"或"互联网+海关"的跨境电子商务通关服务系统和货物申报系统向海关提交申报数据、传输电子信息。其中，跨境电子商务 B2B 出口有关电子信息报文，沿用跨境服务系统现有的 B2C 接入通道模式，且该系统支持 B2B 出口报关单报文导入；货物申报系统支持 B2B 出口报关单按现有模式录入和导入。其具体流程如下。

（1）通过 H2018 通关管理系统通关。

① 电子信息传输。跨境电子商务 B2B 直接出口（"9710"）货物申报前，跨境电子商务企业或跨境电子商务平台应向海关传输交易订单信息；跨境电子商务 B2B 出口海外仓（"9810"）货物申报前，跨境电子商务企业应向海关传输海外仓订仓信息。

② 报关单申报。跨境电子商务企业或其代理人向海关申报报关单，系统对企业资质及申报内容进行校验，通过后向 H2018 通关管理系统申报报关单。

（2）通过跨境电子商务出口统一版通关服务系统通关。

① 电子信息传输。跨境电子商务 B2B 直接出口（"9710"）货物申报前，跨境电子商务企业、物流企业应分别向海关传输交易订单、物流信息；跨境电子商务 B2B 出口海外仓（"9810"）货物申报前，跨境电子商务企业、物流企业应分别向海关传输海外仓订仓信息、物流信息。

② 清单申报。跨境电子商务企业或其代理人向海关申报清单，系统对企业资质及申报内容进行校验，通过后向跨境电子商务出口统一版通关服务系统申报清单。采用此方式无须申报报关单。

跨境电子商务 B2B 出口通关流程对比如图 7-11 所示。

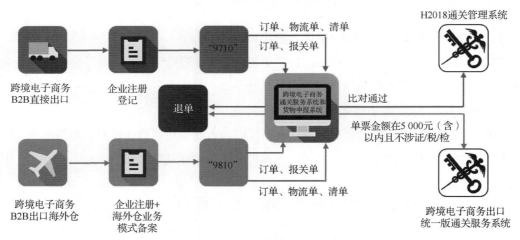

图 7-11　跨境电子商务 B2B 出口通关流程对比

2．通关便利

跨境电子商务 B2B 出口主要监管流程包括企业登记、出口申报、物流管理、查验作业、货物放行、退货监管等。充分考虑到跨境电子商务新业态信息化程度高、平台交易数据留痕等特点，跨境电子商务 B2B 出口监管采用企业一次登记、一点对接、便利通关、简化申报、优先查验、允许转关、退货底账管理等有针对性的监管便利化措施。

（1）报关全程信息化。企业通过跨境电子商务通关服务系统和货物申报系统传输交易订单、海外仓订仓单等电子信息，且全部以标准报文格式自动导入，报关单和清单均实现无纸化，简化企业申报手续。

（2）新增便捷申报通道。对单票金额在 5 000 元（含）以内且不涉证、不涉检、不涉税的货物，可通过跨境电子商务出口统一版通关服务系统以申报清单的方式进行通关，申报要素比报关单减少 57 项，此方式无须汇总报关单，中小微出口企业申报更为便捷、通关成本进一步降低。

（3）简化申报商品编码。在跨境电子商务出口统一版系统中，申报清单则无须再申报报关单。其中，不涉及出口退税的，可申请按照 6 位 HS 编码进行简化申报。

（4）物流和查验便利。跨境电子商务 B2B 出口货物可按照"跨境电子商务"类型办理转关；通过 H2018 通关管理系统通关的，同样适用全国通关一体化。企业可根据自身实际选择时效更短、组合更优的方式运送货物，同时可享受优先安排查验的便利。

 知识拓展

　　跨境行业体量不断增长，商业形态日趋多样化。根据交易性质不同，跨境电子商务出口模式可分为跨境电子商务 B2B 出口、跨境电子商务 B2C 出口和一般贸易出口。表 7-1 从企业要求、随附单证、通关系统、简化申报、物流和查验等方面对这 3 种出口模式进行对比。

表 7-1 跨境出口模式对比

对比项目	跨境电子商务 B2B 出口 "9710" "9810"	跨境电子商务 B2C 出口 "9610"	一般贸易出口 "0110"
随附单证	"9710"：订单、物流单 "9810"：订单、物流单 （报关委托书在首次报关时提供）	订单、物流单、收款信息	报关委托书、合同、发票、提单、装箱单等
通关系统	H2018 通关管理系统 跨境电子商务出口统一版通关服务系统（单票小于 5 000 元，不涉检、不涉证、不涉税）	跨境电子商务出口统一版通关服务系统	H2018 通关管理系统
简化申报	在综合试验区所在地海关通过跨境电子商务出口统一版通关服务系统申报，符合条件的清单，可按照 6 位 HS 编码进行简化申报	在综合试验区所在地海关通过跨境电子商务出口统一版通关服务系统申报，符合条件的清单，可按照 4 位 HS 编码进行简化申报	—
物流	转关 直接口岸出口 全国通关一体化（通过 H2018 通关管理系统申报的）	转关 直接口岸出口	直接口岸出口 全国通关一体化
查验	优先安排查验	—	—

一般贸易出口是指中国境内有进出口经营权的企业单边进口或单边出口的贸易。按一般贸易交易方式进出口的货物即为一般贸易货物，需要正常缴纳各种进出口税费。FBA 头程物流的出口基本归属于一般贸易报关方式（代码为"0110"）的范畴，也叫正式报关出口。

与一般贸易出口不同，跨境电子商务出口面对消费者，而对消费者而言，完成进口货物的通关是一件非常耗时耗力的事情；对于海关来说，也需要占用大量的行政资源。因此跨境电子商务政策能对跨境电子商务实现有效监管，进行规范性的引导，并且随着跨境电子商务产业扶持政策的不断深化、全球消费市场的升级换代、数字贸易全球化进程的加速演进，越来越多的参与者会投身跨境电子商务行业。

📖**案例拓展**

海关总署公布 2023 年打击走私十大典型案例

2023 年，全国海关缉私部门深入开展"国门利剑 2023"联合行动，海关总署公布了 2023 年打击走私典型案例，涉及海南离岛免税"套代购"、濒危物种、洋垃圾、农产品、毒品等十大要案。

一、海口、深圳、广州等海关缉私局侦办打击海南离岛免税"套代购"走私案

海口、深圳、广州等海关缉私局开展"HN2304"打击海南离岛免税"套代购"走私集中收网行动，打掉涉案团伙。该团伙招揽社会人员从事"套代购"走私活动，利用"离岛自提""邮寄送达"等方式岛外集货后销售牟利，案值 1.3 亿元。

二、南宁海关缉私局开展打击海产品走私专项行动

南宁海关缉私局持续开展打击海产品走私专项行动，打掉涉案团伙。该团伙通过非设关地偷运、边民互市渠道伪报贸易性质，将龙虾、青蟹、花螺等海产品走私入境，案值31.9亿元。

三、福州海关缉私局侦办"6.30"走私成品油案

福州海关缉私局开展"6.30"走私柴油查缉收网行动，打掉涉案团伙。该团伙通过海上偷运方式走私柴油入境，涉嫌走私柴油约7万吨，案值5.5亿元。

四、大连、太原、长沙等海关缉私局侦办伪报瞒报走私进口普通货物案

大连、太原、长沙等海关缉私局联合开展打击伪报瞒报走私进口普通货物专项行动，打掉涉案团伙。该团伙将国内货主从境外采购的服装、箱包、宠物粮等货物以伪报贸易性质、伪报品名、低报价格等方式通过快件渠道走私入境，案值6.3亿元。

五、黄埔、拱北海关缉私局侦办"3.31"走私、骗取国家出口退税、骗取补贴案

黄埔、拱北海关缉私局开展打击伪报贸易性质走私专项行动，打掉涉案团伙。该团伙将本应以一般贸易进口的液晶屏等货物伪报为加工贸易项下保税货物免税进口，走私案值44.8亿元；诈骗各类补贴累计1.2亿元；骗取出口退税6.3亿元。

六、天津、济南、南京等海关缉私局打击船舶走私专项行动

天津、济南、南京等海关缉私局开展打击船舶走私专项行动，立案15起，查证涉案船舶31艘，抓获犯罪嫌疑人25名，案值1.8亿元。经查，涉案团伙通过伪报技术参数、伪报品名及税则号列等方式，将涉案船舶走私出境。

七、深圳、南昌、长沙等海关缉私局侦办走私稀土及稀有金属系列案

深圳、南昌、长沙等海关缉私局开展打击稀土及稀有金属走私专项行动，刑事立案13起、行政立案6起，抓获犯罪嫌疑人34名，查证涉案稀土及铬、铍等稀有金属21.3吨，案值1.3亿元。经查，涉案团伙通过伪瞒报将涉案货物走私出境。

八、上海海关缉私局侦办走私动物制品系列案

上海海关缉私局立案侦办走私动物制品案2起，查获动物胆干制品共计1.8万个，案值5000万元。经查，涉案团伙通过伪报品名方式，将动物制品走私入境。

九、青岛海关缉私局侦办走私固体废物入境案

青岛海关缉私局立案侦办一起走私固体废物案，抓获犯罪嫌疑人6名，查证涉案固体废物可可壳1623.8吨。经查，涉案团伙采用伪报品名方式，将涉案固体废物走私入境。

十、昆明海关缉私局开展打击货运渠道毒品走私"国门肃毒2023"专项行动

昆明海关缉私局在重点口岸组织开展打击货运渠道走私毒品"国门肃毒2023"专项行动，共破获货运渠道利用进出境大货车车体夹藏及货物藏匿走私毒品案件14起，缴获毒品冰毒、海洛因124.4千克。

【思考】这些案例带给你的启示是什么？

行业观察

国门守护者——海关的历史

customs 一词最早是指商人在贩运商品的途中缴纳的一种地方税捐，带有"买路钱"或港口、市场"通过费""使用费"的性质。这种地方税捐取消后，customs 一词则专指政府征收的进出口税，而 the customs 指征收进出口税的政府机构，也就是海关，它是对出入境的一切商品和物品进行监督、检查并照章征收关税的国家机关。海关作为对进出关境的人员和货物进行监督管理的国家行政机关，是伴随着一个国家对外贸易实行限制而产生的。

我国作为文明古国，大约在公元前 11 世纪至公元前 771 年的西周就在边境设立了关卡，进行防卫；同时设立司关，负责稽查货物、税收和罚款，为"关市之征"之始。《周礼·地官》中有"关市之征"的记载。我国"关税"的名称也是由此演变而来的。春秋战国之后，商品经济发展，"关市之征"渐多。秦始皇统一六国后，废除关税。汉初进一步开放关市之禁。西汉于元鼎六年（公元前 111 年）在合浦等地设关。宋、元、明朝先后在广州、泉州等地设立市舶司。清政府宣布开放海禁后，于康熙二十三年至二十四年（1684—1685 年）首次以"海关"命名，先后设置粤（广州）、闽（厦门）、浙（宁波）、江（上海）四海关。1840 年鸦片战争爆发后，中国逐渐丧失关税自主权、海关行政管理权和税款收支保管权，海关具有半殖民地性质，长期被英、美、法、日等帝国主义国家控制把持，成为西方列强掠夺中国的一个重要工具。

1949 年 10 月，新中国收回国家大门的钥匙，海关主权重新回到人民手中。新中国海关的诞生标志着由西方列强控制中国海关的屈辱历史彻底结束，中国海关进入一个崭新的历史时期。

【拓展讨论】有人说"海关的历史可以看作整个中国近代史的缩影"，请收集资料，谈一谈你对这句话的理解。

测试与思考

1. 简答题

（1）什么是"9610"模式和"1210"模式？

（2）什么是"9710"模式和"9810"模式？

（3）简述跨境电子商务 B2C 进口的 3 种模式的对比。

（4）简述跨境电子商务 B2C 出口的两种模式的对比。

2. 选择题

（1）划归为"9610"类的商品，在出口报关时采用（　　）模式办理通关手续。

    A."清单核放、汇总申报"　　　　B."清单申报、汇总核放"

    C."清单核放、汇总统计"　　　　D."清单统计、汇总申报"

（2）下列哪项不是跨境电子商务B2C进口的海关监管编码？（　　　）

    A．1210　　　　　　B．1239　　　　　　C．9610　　　　　D．9710

（3）下列哪项通关模式不可以通过H2018通关管理系统完成？（　　　）

    A．9710　　　　　　B．9810　　　　　　C．9610　　　　　D．0110

（4）下列哪项通关模式不可以进行转关？（　　　）

    A．9710　　　　　　B．9810　　　　　　C．9610　　　　　D．0110

（5）以下哪项属于"1210"和"1239"的区别？（　　　）

    A．适用城市不同　　　　　　　　　　B．物流模式不同

    C．商品范围不同　　　　　　　　　　D．入境后的暂存地点不同

（6）以下哪种跨境电子商务模式暂无海关监管代码？（　　　）

    A．跨境电子商务B2C进口　　　　　　B．跨境电子商务B2C出口

    C．跨境电子商务B2B进口　　　　　　D．跨境电子商务B2B出口

（7）下列有关海关监管代码"9610"的说法正确的是（　　　）。

    A．其全称是跨境贸易电子商务　　　　B．只适用于进口

    C．只适用于出口　　　　　　　　　　D．只适用于企业出口

3．案例分析题

请结合"海关总署公布2023年打击走私十大典型案例"，谈一谈你对跨境电子商务行业的看法。